ÉTUDE

SUR LE

CRÉDIT MOBILIER AGRICOLE

THÈSE POUR LE DOCTORAT

Présentée et soutenue le 8 Juin 1899, à 8 heures 1/2

PAR

Louis KIRCH

Concordia parvæ crescunt.

Président : M. MASSIGLI, *professeur.*
Suffragants : M. LÉON MICHEL, *professeur.*
M. SOUCHON, *agrégé.*

>+<

PARIS
A. PEDONE, Editeur
LIBRAIRE DE LA COUR D'APPEL ET DE L'ORDRE DES AVOCATS
13, Rue Soufflot, 13

1899

THÈSE

POUR LE DOCTORAT

ÉTUDE

SUR LE

CRÉDIT MOBILIER AGRICOLE

THÈSE POUR LE DOCTORAT

Présentée et soutenue le 8 Juin 1899, à 8 heures 1/2

PAR

Louis KIRCH

Concordia parvæ crescunt.

Président : M. MASSIGLI, *professeur.*
Suffragants :
M. LÉON MICHEL, *professeur.*
M. SOUCHON, *agrégé.*

PARIS

A. PEDONE, Editeur

LIBRAIRE DE LA COUR D'APPEL ET DE L'ORDRE DES AVOCATS

13, Rue Soufflot, 13

1899

INTRODUCTION

Il n'y a guère qu'une cinquantaine d'années que
l'étude du crédit agricole fait l'objet des préoccupations
des législateurs et des économistes ; et cependant il
semble que tout a été dit sur cette question à propos
de laquelle on a déjà apporté de sérieuses réformes à
notrelégislation. Notre but n'est pas d'indiquer une
solution nouvelle, il est beaucoup plus modeste, nous
voulons simplement faire un rapide examen des
réformes accomplies et rechercher celles qu'il convient
d'accomplir pour mettre la législation en harmonie
avec les nécessités sociales de notre époque ; des lois
récentes viennent d'ailleurs de donner un regain
d'actualité à notre sujet.

Après avoir exposé la situation de notre agriculture
nationale et recherché les causes de la crise prolongée qu'elle traverse, sans avoir l'intention de donner
comme panacée universelle contre les maux dont elle
souffre une meilleure organisation du crédit, nous
examinerons les avantages qu'elle trouverait à avoir

à sa disposition de nombreux capitaux à un taux modéré.

Nous étudierons tout d'abord, les modifications législatives qui ont facilité aux agriculteurs l'accession du crédit réel par les lois du 19 février 1889 et du 8 juillet 1898 ; la première restreignant le privilège du bailleur d'immeubles et réglant l'attribution des indemnités dues par les Compagnies d'assurances ; la deuxième organisant les warrants agricoles.

Après cet aperçu d'ensemble de la législation du crédit réel agricole, nous examinerons les diverses réformes qui sont encore réclamées et nous aborderons ensuite la question du crédit personnel. Nous inspirant de l'exemple des peuples voisins, nous nous efforcerons de démontrer que c'est dans l'application des principes de l'association, de la mutualité et de la solidarité que les agriculteurs trouveront des ressources incommensurables qui leur permettront de rendre à l'agriculture la première place parmi nos industries nationales.

PREMIÈRE PARTIE

CHAPITRE PREMIER

Crise agricole

Depuis un quart de siècle, notre agriculture nationale traverse une crise qui en raison de son intensité et de sa durée prolongée pourrait compromettre la prospérité générale:

De 1848 à 1880, sous l'impulsion donnée aux échanges par la construction des chemins de fer qui ouvraient de nouveaux débouchés aux produits et permettaient aux cultivateurs d'améliorer leurs domaines par l'apport d'amendements appropriés à la nature du terrain, l'industrie agricole fut particulièrement florissante. Mais sous l'influence de causes diverses que nous allons exposer elle vit disparaître presque subitement, vers 1880, les bénéfices parfois considérables qu'elle avait réalisés, et depuis cette époque ne fit que languir.

La diminution des bénéfices fut amenée par l'envahissement de nos marchés par les produits étrangers, qui firent baisser le cours de tous les produits agricoles (1) et appauvrirent le cultivateur en dépréciant ses denrées et diminuant ainsi ses capitaux (1). Ce fut l'importation des céréales d'Amérique qui porta le plus grand coup à notre agriculture. La France est un pays où l'on pratique surtout la culture des céréales. Le 7ᵉ environ de notre territoire agricole est consacré à la culture du blé ; le seigle, l'avoine, l'orge et le maïs couvrent chez nous une superficie égale à celle des emblavures en froment ; il résulte de là que sur 27 millions d'hectares sous cultures (prairies et forêts à part), les céréales s'étendent sur près des 2/5 des terres cultivées et occupent environ le 1/3 du territoire agricole de la France (2). Or lorsque l'importation américaine qui en 1866 était nulle, s'éleva en 1879 à 6 millions d'hectolitres, le cultivateur français ne retira plus un prix rémunérateur de la terre et de son travail.

D'après la statistique agricole le produit net de la terre était en 1882 de 8 milliards 948 millions, il n'est plus que de huit milliards 137 millions en 1892 (3).

(1) Le quintal de blé coté en moyenne 30 fr. 01 en 1877 n'est plus qu'à 19 fr. 20 en 1896 et aujourd'hui se cote au-dessous de 21 fr.

(2) Grandeau. Le mouvement agricole. Journal des Economistes, 15 août 1898.

(3) Le tableau suivant nous offrira un aperçu de détails très clair.

| | 1882 | | | 1892 | | | Hausse ou baisse proportionnelle |
| | Part absolue | | Part relative | Part absolue | | Part relative | |
	Total en millions de francs	A l'hectare en francs	Pour cent	Total en millions de francs	A l'hectare en francs	Pour cent	Pour cent
Capital d'exploitation : intérêt.	427 } 1556	31.12	17.38	400 } 1200	24 »	14.75	22.87
Entreprise agricole : profit.....	1129 }			800 }			
Capital foncier : fermage ou loyer	 2645	52.90	29.56	 2368	47.36	29.10	11.15 (1)
Travail : salaire	 4150	83 »	46.38	 3967	79.34	48.76	— 4.41
Etat : impôt	 597	11.94	6.68	 602	12.04	7.39	+ 0.83
	8948	178.96	100.00	8137	162.74	100.00	

(1) Chiffre donné dans la statistique en tenant compte de la superficie des différentes cultures.

La crise agricole se produisit d'abord en Angleterre, avant de sévir en France et dans tous les pays d'Europe, où par suite du développement du commerce et de l'industrie, le prix du blé et la valeur de la terre avaient le plus augmenté.

Mais la culture du blé n'a pas été seule atteinte par la concurrence étrangère ; d'autres cultures qui avaient donné longtemps de grands bénéfices ne laissent plus que de maigres profits. La Russie nous expédie le lin et la valeur de ce produit a diminué de moitié ; aussi la Normandie et la Picardie abandonnent-elles sa culture, tandis que les agriculteurs de la Flandre ne le cultivent plus que parce qu'ils sont soutenus par les subventions accordées par le Ministère de l'Agriculture. Le colza souffre par la concurrence du pétrole, et des graines oléagineuses qui arrivent d'outremer ; sa valeur a baissé de plus d'un quart. Enfin la culture de la betterave qui commence à se relever n'a donné pendant quelques années que de très maigres bénéfices, mais elle a moins souffert de la concurrence étrangère que de la crise financière et industrielle qui a eu sa répercussion sur le marché de nos produits agricoles, en diminuant ou du moins en arrêtant l'accroissement de la consommation de certaines denrées.

La première cause de la crise agricole réside donc dans la concurrence étrangère facilitée par la mise en valeur des pays neufs et par le développement simultané des chemins de fer et de la navigation à vapeur.

La deuxième cause consiste dans la hausse des salaires des ouvriers agricoles qui augmente le prix de revient des produits. La période de prospérité qu'a traversée l'agriculture de 1848 à 1880 a eu pour effet d'augmenter le salaire de l'ouvrier des campagnes ; en présence de superbes récoltes. le fermier avait besoin de beaucoup d'ouvriers et par le mécanisme de la loi de l'offre et de la demande, le salaire s'élevait. Mais lorsque les bénéfices décrurent, les salaires ne diminuèrent pas, ils ne firent même qu'augmenter par suite de l'émigration des ouvriers des campagnes vers les villes où leur présence était réclamée pour les travaux d'embellissement.

Tout en trouvant fort heureuse cette hausse du salaire de l'ouvrier agricole, nous sommes obligés de constater qu'elle a eu une conséquence regrettable pour le producteur en lui rendant la lutte plus difficile au moment même où il se trouvait en présence de la concurrence étrangère.

Nous ne pouvons aussi que regretter la désertion de nos campagnes, occasionnée par cette sorte de fascination que produit la grande ville sur le rural.

Il n'y voit que le confort, les agréments, le luxe même, et un salaire plus élevé dans les manufactures installées dans les villes où elles trouvent un écoulement plus facile de leurs marchandises. Il n'aperçoit pas tous les inconvénients, la cherté de la vie, l'habitation le plus souvent insalubre, et très souvent les maladies qui guettent l'homme confiné dans un espace restreint, où l'air fait défaut.

Sans nous étendre sur ce sujet qui a fait l'objet de bien des articles de Revues, nous nous bornerons à citer les chiffres relevés dans le Bulletin de l'Office du Travail et qui indiquent une décroissance effrayante de la population agricole. En 1876, la population agricole comprenait 18,968,000 individus ; en 1881, 18,249,000 ; en 1886, 17,698,000 ; en 1891, 17,435,000 individus. Ainsi, en quinze ans, nos campagnes ont vu leurs populations baisser de 1,500,000 habitants. Dans la seule période de 1881 à 1891, la population a diminué de 813,000 habitants de tout sexe et de tout âge ; soixante-neuf départements ont été atteints, et si les dix-huit autres ont subi une légère augmentation, ils le doivent beaucoup plus à des immigrations d'étrangers qu'à la constance et à l'accroissement de leur population indigène.

Outre la lutte contre la concurrence étrangère rendue plus difficile par la hausse des salaires des ouvriers agricoles la culture française avait à faire face à un terrible fléau, le philloxéra, qui ruinait notre domaine vinicole dont la reconstitution s'opère chaque jour, mais bien lentement faute de capitaux.

Enfin, à cette énumération des causes de la crise agricole, ajoutons-en une dernière, l'agiotage favorisé

par la loi du 28 mars rendant licites les marchés à
terme qui dissimulent un jeu sur la hausse ou la
baisse soit des effets publics, soit des denrées et des
marchandises, tandis que jusqu'alors la jurisprudence
de la Cour de Cassation tenait ces marchés pour illi-
cites lorsque dans l'intention des parties contractantes
les opérations devaient se résoudre par les paiements
d'une simple différence.

C'est à propos de la spéculation que M. Deschanel
s'exprimait ainsi : « La loi de 1885 afin de faciliter les
transactions a fait disparaître toutes les dispositions
restrictives de la liberté du jeu et de la spéculation
que contenait l'ancienne législation, mais au lieu
d'accroître l'activité industrielle et économique du
pays, elle a favorisé l'agiotage, faussé la loi de l'offre
et de la demande et déprimé le cours de tous les
produits agricoles. Les opérations fictives l'emportent
de beaucoup à la Bourse de Commerce en nombre et
en importance sur les opérations fermes ; ce sont
elles qui gouvernent le marché au gré des meneurs. »

Et plus loin :

« Le blé qu'ils amassent n'est là ni pour les exi-
gences du commerce ni pour les nécessités du
consommateur ; il n'existe entre leurs mains que
comme une menace perpétuelle, un moyen d'action
et de contrainte indispensable à la réussite de l'opération. Depuis dix ans la spéculation a pris un développement inouï, elle gouverne nos marchés en sou-

veraine absolue ; elle a fait perdre des millions à
l'agriculture, il est temps de revenir à une législation
protectrice du travail français, de l'épargne et de la
production nationales (1) ».

Ainsi les conditions économiques de la culture ont
été complètement transformées par ces diverses
causes : concurrence étrangère facilitée par les découvertes scientifiques, élévation des salaires par suite
de la rareté toujours croissante de la main d'œuvre et
agiotage.

Le gouvernement a tenté de remédier à cette situation par un régime protecteur, par le développement
de l'instruction parmi les agriculteurs, qui les rend
capables de pratiquer la culture intensive et leur
permet d'obtenir de grands rendements, ce qui diminue
par suite les frais d'exploitation et particulièrement de
main-d'œuvre. Dans ce but le Gouvernement de la
République a augmenté le nombre des écoles pratiques d'agriculture et celui des professeurs spéciaux
d'agriculture, il a créé de nombreux champs d'expé-
riences dans les moindres hameaux ; l'instituteur,
le plus souvent fils d'agriculteur, a ainsi été à même
de démontrer aux cultivateurs qui l'entourent les
avantages qu'ils retireraient de l'usage de procédés

(1) Paroles de M. Deschanel, citées par M. Viger, à la séance
de la Chambre du 23 octobre 1897. Journal officiel du 24 octobre 1897.

de culture plus perfectionnés et de l'emploi judicieux d'amendements inutilisés jusqu'à ce jour.

Mais le remède qui viendra de la science, de l'éducation professionnelle du cultivateur, de la vulgarisation des procédés, de l'amélioration de l'outillage, ne peut produire son effet que si l'agriculteur a le moyen de se procurer des avances pécuniaires qui lui permettront d'augmenter son capital d'exploitation.

Nous abordons ici la question du crédit agricole et si cet exposé de la situation de l'agriculture peut sembler un peu long, il nous a paru nécessaire, pour montrer l'importance que présente l'organisation du crédit agricole, en France.

CHAPITRE II

L'Agriculture et le Crédit

Le crédit, comme son nom l'indique, est la confiance que nous inspire une personne avec laquelle nous passons un contrat générateur d'obligations, et à qui nous ne réclamons pas immédiatement la contre-partie de ce que nous lui fournissons.

Comme le dit M. Cauwès (1) « il y a crédit toutes les fois qu'il existe promesse de dation ou de restitution de corps certains ou de valeurs dont l'exécution est différée. » Cette confiance laisse place à un risque qui est plus ou moins grand suivant que le crédit est personnel ou réel. L'on est moins certain d'être payé lorsque le crédit est personnel, c'est-à-dire quand le droit de créance que l'on possède n'est pas garanti par une sûreté spéciale, par un objet individualisé, et pour lequel l'on ne subit pas le concours des autres créanciers de l'emprunteur s'il en existe, mais par l'ensemble du patrimoine des débiteurs dont

____

(1) V. Cauwès, *Economie politique,* t. II, p. 261.

l'intelligence, l'esprit d'ordre et la conduite sont connus.

En cas de non remboursement, le prêteur aura la possibilité de recourir à la procédure de saisie ou de faillite, grâce à laquelle il pourra faire vendre tout ou partie des biens de son débiteur, mais il subira le concours des autres créanciers de son débiteur et ne sera payé qu'au marc le franc de sa créance. Ce crédit est très fréquent ; il est plutôt exceptionnel de voir par exemple, un vendeur d'instruments aratoires exiger de son acheteur une garantie particulière, lorsque le délai demandé pour le paiement est court ; si au contraire le délai réclamé doit être assez long presque toujours l'emprunteur exigera des sûretés qui consisteront, soit en une sûreté personnelle, soit en une sûreté réelle. En cas de sûreté réelle, si le bien affecté à la garantie de la dette est un immeuble, la sûreté est immobilière, si c'est un meuble, c'est une sûreté mobilière.

La sûreté personnelle consiste, soit dans l'engagement d'une caution à exécuter la promesse de l'emprunteur ou dans un engagement solidaire de plusieurs individus qui se portent garants de leur solvabilité réciproque.

Grâce au crédit, les capitaux iront aux mains de ceux qui sont les plus capables d'en faire un bon usage et cette masse de richesses qui, sans lui, resterait inoccupée, augmentera le mouvement de la production et des échanges. Mais si le crédit augmente le mouvement des affaires, et par suite la richesse générale et privée, il ne faudrait pas croire, comme l'a dit Macleod qu'il multiplie les capitaux. Non, il n'ajoute rien à la masse des choses échangeables, car l'on arriverait à cette conséquence que la création d'une dette équivaudrait à la création d'un capital. Lors de la naissance comme de l'extinction d'une dette, il ne s'opère qu'un simple déplacement de capital. L'emprunteur utilise le capital à l'exclusion du prêteur qui s'en dessaisit, mais l'un et l'autre n'en sont pas nantis en même temps.

Le crédit suppose au contraire des capitaux accumulés par l'épargne, grâce à lui ces capitaux se groupent, se mobilisent en quelque sorte et permettent la réalisation d'entreprises considérables. Suivant l'usage qui sera fait du capital emprunté en vertu du crédit, suivant la destination qui lui sera donnée, le crédit sera commercial, industriel, agricole. Certes l'opération sera toujours la même, elle consistera toujours à mettre les capitaux à la disposition de ceux qui n'en possèdent pas afin d'en tirer profit, mais ces capitaux auront des applications diverses. C'est pourquoi nous ne pouvons nous ranger à l'opinion qui soutient qu'il n'y a pas un crédit commercial ou un crédit agricole, que ces mots n'ont aucune signification logique parce que la confiance qui ne se commande, ni ne se décrète se donne en considération ou en échange du gage qui lui assure la rentrée exacte des capitaux dont elle a consenti à se dessaisir pour un laps de temps déterminé (1).

Cette opinion envisage seulement la nature des gages offerts en déclarant que le crédit est mobilier ou immobilier. Ses partisans se placent au seul point de vue juridique qui n'attache d'importance qu'à la distinction des sûretés offertes. Ils ne voient dans le contrat de crédit que la source des obligations. Il importe peu de savoir à quoi seront destinés les fonds empruntés, ils recherchent de quelle manière s'exécutera finalement l'obligation qui a pris naissance suivant que tels ou tels biens seront affectés au paiement de la dette.

Ici nous devons nous placer au point de vue économique ; la sûreté n'est qu'un moyen relativement au but désiré. elle fait partie du mécanisme du crédit, mais n'en constitue pas l'essence.

C'est en nous inspirant de ces idées que nous allons tenter de donner une définition du crédit agricole, car comme l'a dit Condillac : chaque science demande une « langue particulière, parce que chaque science a « des idées qui lui sont propres ; il semble qu'on de- « vrait commencer par faire cette langue, mais on « commence par parler et par écrire, et la langue

(1) Voir note sur le crédit agricole mobilier, publiée par le ministère de l'Agriculture, Juillet 1880, Imprim. Nationale.

« reste à faire. » Tâchons donc d'éviter le reproche que formule le philosophe.

Le *Crédit agricole* est donc la confiance inspirée par l'agriculteur, et qui lui permet de trouver des capitaux pour les consacrer à un emploi agricole.

On fait une opération de *Crédit agricole mobilier* si on emprunte par exemple pour acheter du gros matériel de ferme, des animaux de labour, des semences, des engrais, des matières premières ou préparées, indispensables aux cultures, au paiement des ouvriers pour les labours, les moissons, les vendanges, etc., en un mot, des dépenses qui servent à accroître le capital d'exploitation et pour lesquelles il n'est pas coutume de donner une sûreté hypothécaire, mais un gage mobilier et où, plus souvent encore, le crédit n'a pour base que la solvabilité personnelle de l'emprunteur.

Par l'expression « crédit agricole mobilier » on doit donc entendre la possibilité pour un propriétaire, un fermier ou un métayer de se faire consentir des prêts en numéraire ou en objets destinés à mettre le sol en valeur et à en retirer tout ce qu'il peut produire et cela sans être tenu de fournir d'hypothèque. C'est là ce qui constitue sa différence avec le crédit agricole immobilier.

Il faut de même se garder de confondre le crédit agricole immobilier avec le crédit foncier comme on l'a fait parfois. Le crédit foncier sert à augmenter le capital foncier ou même est employé à des opérations qui ne concernent pas l'immeuble donné en sûreté, il s'applique donc aussi bien à des immeubles urbains qu'à des immeubles ruraux, tandis que le crédit agricole, mobilier comme immobilier, a pour but la constitution ou l'augmentation du capital d'exploitation d'une ferme.

Une opération de crédit agricole peut en effet être garantie par une constitution d'hypothèques, de même que l'on peut supposer un prêt accordé en vue d'amélioration foncière garanti par une sûreté mobilière, par exemple, par un nantissement de valeurs mobilières.

Nous avons donc défini le crédit agricole par la destination du capital emprunté et non par la qualité de l'emprunteur ni par la nature des sûretés fournies.

Nous avons vu d'une manière sommaire quels étaient les avantages du crédit en général. C'est grâce à l'ensemble des dispositions législatives qui permettent à l'industrie et au commerce de se procurer le crédit nécessaire pour leurs opérations que ces deux branches de l'activité humaine ont pris un développement aussi considérable dans ce siècle. De ceux-là même *qui* reconnaissaient l'efficacité du crédit pour le commerçant et l'industriel et estimaient *que* c'était pour eux une source de prospérité, il y en a *qui* ont nié son utilité pour l'agriculture et considéré l'agriculteur qui y fait appel comme un homme *qui* court à sa ruine. Lorsque l'agriculteur trouvera facilement du crédit, il pourra, a-t-on dit, en faire un mauvais usage, faire des dépenses inutiles, et fort souvent user sa terre plutôt que l'améliorer.

Au début nos paysans, maintenus jusqu'à ce jour dans une sorte de tutelle législative seront peut-être assez embarrassés d'user du crédit qu'on cherche à leur procurer ; quelques-uns en mésuseront, mais n'en est-il pas de même de toute institution, fondée sur la liberté. Il faut leur donner le temps de s'y habituer, et ce sera surtout par le développement de leur instruction, qu'ils apercevront tous les bienfaits qu'ils peuvent en tirer. Ce crédit sera toujours inutile à ces cultivateurs ignorants, routiniers, âpres au gain, tels qu'ils existaient autrefois et dont le nombre tend à diminuer chaque jour, mais c'est à l'élite des agriculteurs intelligents et instruits qu'il est appelé à rendre service.

Plus d'un commerçant abuse du crédit et en fait un tel usage qu'il est conduit à la faillite ; et pourtant qui songe à comparer ce côté fâcheux de l'institution aux bienfaits que le commerce retire d'un crédit très large dont tout le monde reconnaît l'efficacité. On a ajouté encore que le crédit agricole attiserait la passion du paysan pour la terre. Grâce à lui le paysan pourra satisfaire ses convoitises, jusqu'alors contenues ; il n'aura qu'une ambition, emprunter pour accroître son lopin de terre.

Cette critique nous semble plutôt s'adresser au crédit foncier qu'au crédit agricole qui n'a pour but que l'amélioration foncière et non son extension. Et où serait le mal de voir se développer encore l'amour du paysan pour le sol qu'il cultive? Ne sera-ce pas le meilleur moyen de l'attacher à ce sol et de l'empêcher de quitter la campagne? Nous avons vu précédemment qu'il y avait là des causes, et non des moindres, du malaise dont se ressent l'agriculture. Il ne faut pas croire que le paysan se laissera si facilement entraîner par le désir d'accroître son bien; ce qu'il voit surtout, c'est le profit qu'il retire de sa terre ; il fait en sorte qu'il soit le plus considérable possible, or ce n'est pas ce qui se produira s'il disperse ses efforts sur une étendue de terre trop vaste à laquelle il ne peut se consacrer entièrement, ou s'il ne se sert pas de l'argent qu'il emprunte pour améliorer son matériel d'exploitation et faire produire davantage à sa terre.

Si telles devaient être les conséquences du crédit agricole, nous serions alors de l'avis de ceux qui vont répétant comme un axiome : « Tout agriculteur qui emprunte est un homme qui se ruine ».

Mais il est incontestable que l'application raisonnée du capital à la culture est le plus grand élément de progrès, la source la mieux assurée de la production et l'agent de lutte le plus efficace contre les difficultés multiples de l'industrie agricole.

Le crédit appliqué à l'agriculture permet au cultivateur d'avoir en main des capitaux et de les consacrer à la production au lieu de les laisser inactifs ; avec des avances de fonds, il pourra acheter du bétail, défricher, défoncer, planter de nouvelles terres, acheter des engrais appropriés à la nature du terrain qu'il cultive ; en Sologne il donnera à la terre des amendements calcaires : sur les champs bretons, il répandra la tangue et le maërl que dépose la mer sur les côtes, ou bien les phosphates minéraux qui proviennent des gisements des Ardennes ; aux terrains granitiques du Limousin, de la Gâtine, il ajoutera la chaux qui lui permettra d'y cultiver le trèfle et de remplacer le seigle par le froment.

Enfin il pourra utiliser des outils et des instruments perfectionnés, faire un judicieux emploi des machines.

La terre de France ne donne pas tout ce qu'elle peut donner, ses rendements en céréales sont très inférieurs à ceux de l'Angleterre, de la Belgique, de la Hollande, du Danemark où l'on obtient des moyennes de 24, 25, 25 1/2, 36 hectolitres de blé à l'hectare quand nous n'en produisons que 16 à 17 dans les bonnes années. Dans certaines régions de la France seulement, dans le Nord par exemple, les rendements en blé atteignent 25 à 30 hectolitres en petite culture, 30 à 40 hectolitres en grande culture intensive pour un capital d'exploitation remontant à 1,000 fr. parfois à 1,500 fr. par hectare.

En un mot l'agriculteur pourra grâce au crédit substituer la culture intensive à la culture extensive, c'est-à-dire que l'agriculteur s'efforcera de mettre à profit les enseignements de la science en modifiant ses procédés techniques. Connaissant les secrets de la germination des plantes, sachant par exemple : ce que le froment dans une culture d'un hectare doit pouvoir absorber d'azote (54 kil. 6), d'acide phosphorique (26 kil. 4), de potasse ou de soude (40 kil. 3) de magnésie et de chaux, il restituera au sol, par des engrais bien choisis, les substances que la précédente récolte lui a enlevées (1).

Le produit du sol augmentera donc et par suite la valeur de la terre, car ce qui fait l'importance d'une ferme, ce n'est pas tant l'étendue des terrains que le fermier peut cultiver, que le produit des terres et la quantité de mobilier que possède le fermier pour son exploitation. Ainsi une ferme de cent hectares peut avoir une valeur plus considérable qu'une de deux cents hectares, et pourtant cette même ferme de deux cents hectares pourrait avoir une valeur double si le fermier avait un capital d'exploitation plus considérable.

L'agriculteur a donc besoin de crédit. C'est ce que M. Graux, Ministre des finances, démontrait en 1884, dans un discours prononcé au Sénat belge : « Pour-

(1) M. Beauregard, *Cours d'Economie politique*, p. 64.

quoi l'agriculture n'userait-elle pas du crédit dans la mesure de ses besoins ? Qui donc prétendrait que ces besoins n'existent pas ? Est-il quelqu'un d'entre vous qui oserait affirmer qu'elle dispose de tous les capitaux dont elle a besoin ? de ceux qu'il lui faut de nos jours surtout pour transformer ses capitaux et ses produits.

N'entendez vous pas dire partout que, pour lutter contre la concurrence étrangère, il lui faut plus de capital en même temps que plus de science ; qu'elle doit renoncer à ses procédés traditionnels, y substituer des méthodes plus intensives, rechercher des engrais nouveaux, abandonner certaines productions pour s'adonner à d'autres, diminuer celle des céréales pour accroître celle des plantes industrielles, multiplier le bétail, l'engraisser, cultiver par conséquent les fourrages en même temps qu'étendre les pâtures ? Et tout cela se fera-t-il sans capital et sans crédit, au moyen de la seule épargne que chaque agriculteur pourra réaliser ? »

Mais en général, l'agriculteur ne trouve pas les sommes nécessaires pour faire une culture aussi fructueuse que celle qu'il pourrait espérer. Ce n'est pas à dire que le capital n'existe pas. L'un des traits caractéristiques de la race française est en effet l'économie, l'épargne individuelle qui fait la force et assure la vitalité de notre pays. Malheureusement, cette épargne que la terre a produite ne se porte pas vers la terre autant qu'il serait nécessaire ; trop souvent elle se laisse attirer par les placements aux Caisses d'épargne, ou en fonds d'Etats étrangers, ou bien les capitalistes confient leurs fonds au commerce et à l'industrie qui leur offrent des placements plus avantageux, mais combien plus risqués. Et tandis que sous l'influence des capitaux ces deux branches prennent un développement considérable, l'agriculture reste stationnaire au moment où la science met à sa disposition des moyens de production nouveaux.

Examinons donc les raisons pour lesquelles l'agriculteur éprouve tant de difficultés à se procurer du crédit.

Nous avons vu précédemment que le crédit reposait essentiellement sur la confiance inspirée par l'emprunteur au prêteur. L'agriculteur en général offre-t-il une confiance suffisante aux capitalistes ? telle est en résumé la question. La confiance que l'on inspire est proportionnelle aux garanties morales ou matérielles que l'on présente.

Nombre de gens estiment que l'agriculture ne peut offrir que des garanties de peu de valeur et très incertaines. Le fermier, à leur avis, ne présente en général d'autres garanties pécuniaires que son mobilier, sauf quelques exceptions pour les fermiers qui sont en même temps propriétaires. Il trouvera donc difficilement du crédit et un crédit qui doit être de longue durée ; ainsi l'engraissement des animaux exige au moins un délai de sept à huit mois, l'achat des engrais réclame un an et même davantage.

Les produits pendants par racines. ajoute-t-on, ne fournissent jamais une garantie bien certaine pour le capital emprunté. Les saisons, les accidents de la température impossibles à prévoir peuvent modifier très fortement les produits de la récolte.

Enfin, en raison du minime intérêt qu'elles peuvent payer et de la lenteur avec laquelle produisent les exploitations agricoles, en raison aussi de la patience que le bailleur de fonds doit montrer pour rentrer dans ses avances, les capitaux hésiteront à se porter vers l'agriculture.

Sans nier que ces objections présentent une certaine part de vérité, elles sont entachées d'exagération. Ce qu'il serait plus exact de dire, c'est que jusqu'à nos jours, jusqu'à la loi du 18 juillet 1898, l'agriculteur avait entre les mains un capital d'une valeur parfois considérable, représenté par les récoltes qui se trouvaient dans ses greniers, mais dont il ne pouvait disposer pour augmenter son crédit. La législation civile empêchait le développement du crédit réel mobilier par suite de la difficulté de créer des sûretés réelles. Nous étudierons cette question plus loin. Actuellement on peut estimer à 20 milliards la fortune mobilière de l'agriculture, c'est là, ce nous semble, une assiette suffisante pour le crédit.

Mais ce qu'il faut reconnaître, c'est qu'il est plus

difficile de mettre le prêteur à même de rentrer à volonté dans ses fonds.

Certes l'agriculture est obligée de compter avec les intempéries des saisons et les pertes que les accidents atmosphériques ou les insectes et les animaux nuisibles lui font éprouver ; mais le commerce et l'industrie ne sont-ils pas aussi exposés à de brusques variations dans les cours, par suite de perturbations politiques, financières, qui amènent parfois un écoulement difficile des produits et déterminent des crises ? Et il n'est pas possible au commerçant et à l'industriel de se garantir contre les éventualités comme peuvent le faire les agriculteurs prudents qui contractent des assurances contre la grêle et la mortalité des bestiaux.

Il convient surtout de combattre l'opinion d'après laquelle les capitaux placés dans l'agriculture retirent une rémunération trop minime pour compenser la privation imposée et les risques que peut faire courir l'insolvabilité future du prêteur. L'expérience a montré que l'argent employé avec discernement aux achats d'engrais et de semences peut donner des bénéfices de 15 à 20 0/0 (1). Il est donc évident que l'activité de l'agriculture est suffisante pour rémunérer les capitaux engagés (2).

(1) V. Exposé des motifs de la loi du 5 novem. 1894, n° 547.

(2) M. de Malliard, délégué du Ministre de l'Agriculture au Congrès de Crédit populaire, à Lyon en 1892 évaluait à 9 0⟋0 environ le revenu du capital d'exploitation dans une entreprise bien conduite.

D'ailleurs ainsi que nous l'avons déjà noté le crédit n'est pas seulement concédé en raison des garanties matérielles que l'emprunteur peut offrir au prêteur, mais aussi en raison du degré de confiance qu'il lui inspire ; or le capitaliste ne devrait pas hésiter à prêter à l'agriculteur, car les garanties morales qu'il offre valent celles que fournissent les commerçants.

Il est en effet démontré que bien rarement l'agriculteur ne fait pas honneur à ses engagements ; le seul reproche à lui adresser est peut-être d'apporter un certain retard dans le paiement de ses intérêts et dans le remboursement du capital. Mais son éducation est à faire sur ce point et la pratique du crédit lui démontrera la nécessité d'observer scrupuleusement les dates des échéances. Du reste l'engagement solidaire d'autres personnes qui vivant aux côtés de l'emprunteur et le connaissant peuvent donner au capitaliste l'assurance d'obtenir le remboursement de ses avances à la date convenue ; c'est le but poursuivi par ceux qui ont songé à organiser le crédit mutuel populaire.

En résumé l'agriculture française devrait trouver un crédit très vaste. Espérons que grâce aux réformes législatives récentes, elle va pouvoir en jouir aussi largement que le commerce et les autres industries. Avant d'étudier ces réformes et d'en dégager toute l'importance, nous allons jeter préalablement un rapide coup d'œil sur les voies qui y ont conduit.

CHAPITRE III

Historique du Crédit agricole.

———

A la suite d'un vœu émis en 1840 par le conseil général de l'agriculture, des manufactures et du commerce, le Ministre de l'agriculture chargea M. Royer, inspecteur général de l'agriculture d'étudier les institutions de crédit agricole qui fonctionnaient en Allemagne et notamment le fonctionnement des Caisses de crédit et de prévoyance constituées pour procurer le crédit mobilier aux agriculteurs.

Après avoir pris connaissance des conclusions du rapport rédigé par ce fonctionnaire, le conseil général de l'agriculture estima qu'il convenait d'organiser le crédit foncier, de modifier en plusieurs points le titre des privilèges et des hypothèques du Code civil, et enfin de faire faire des études pour la constitution du Crédit agricole mobilier. A la même date les Conseils généraux furent priés de donner leur avis sur la nécessité d'organiser le crédit agricole. Des vœux émis à la suite de cette consultation, il résulta clairement que la France avait hâte de voir organiser le crédit foncier et le crédit mobilier. Les évènements politiques ne permirent pas de réaliser immédiatement les réformes si ardemment attendues.

Ce fut seulement en 1852 que le Crédit foncier fut organisé par décret du 28 février, tandis que l'administration continua à chercher une solution pratique à la question du crédit agricole mobilier. Elle décida qu'une enquête serait faite sur le fonctionnement des institutions de crédit de cette espèce à l'étranger et qu'une commission spéciale centraliserait les observations présentées et les rapports qui seraient adressés. En 1853 les chambres consultatives d'agriculture furent interrogées à leur tour sur l'utilité d'organiser le crédit agricole mobilier et sur les mayens de réaliser cette création.

La commission nommée en 1854 eut à examiner de nombreux projets. On peut ainsi résumer ces diverses propositions :

1° La réforme des articles 520, 521, 522 et 524 du Code Civil en vue de rendre aux objets qualifiés par ces articles immeubles par destination la qualité de meubles et d'en faciliter ainsi le nantissement.

2° La modification de l'article 2076 du Code Civil, permettant le nantissement d'objets mobiliers agricoles sans déplacement du gage ; le prêt sur gage aurait compris le mobilier agricole, les récoltes engrangées.

3' La modification de diverses dispositions relatives au contrat de cheptel.

Certains proposaient la mise en faillite et la contrainte par corps de tout cultivateur qui ne ferait pas face à ses engagements.

Il y eut d'autre part à examiner plusieurs projets en vue de faciliter la création par l'Etat ou par les particuliers de banques de crédit agricole.

De ces diverses propositions, la Commission ne retint que la proposition du nantissement sans déplacement du gage et proposa la constitution d'un établissement de crédit agricole. Le gouvernement n'accueillit que ce dernier vœu de la Commission et provoqua la Constitution de la Société du Crédit agricole qui fut obligée de liquider en 1876.

Les auteurs de nombreux mémoires soumis à l'examen de la Commission de 1856 réclamèrent, ils prétendirent que cette création était insuffisante et sollicitèrent une nouvelle étude de leurs propositions.

De leur côté, les chefs de cette société du Crédit agricole réclamaient eux-mêmes des modifications à certaines dispositions de nos Codes afin de faciliter les opérations de leur compagnie. Le gouvernement se décida en 1866 à nommer une nouvelle Commission. Les propositions de cette Commission furent formulées dans un projet de loi et dans un rapport de M. Josseau, qui fut renvoyé pour examen et avis au Conseil d'Etat. Le Conseil d'Etat ne rendit pas son avis, empéché qu'il fut par les désastreux événements de 1870.

Après 1870 la Société des Agriculteurs de France fit plusieurs démarches auprès des divers Ministres de l'Agriculture, mais elles restèrent vaines. En 1878, un congrès international tenu à Paris lors de l'Exposition universelle s'occupa à nouveau des questions de crédit agricole. M. Teisserenc de Bort, alors ministre, prescrivit une nouvelle étude de la question ; et en 1880 une Commission fut instituée, chargée de recueillir les renseignements envoyés par les Conseils généraux et par nos Consuls, sur les institutions fondées à l'étranger, en vue de faciliter aux Cultivateurs l'accès du Crédit mobilier. A la suite des travaux de cette commission un projet de loi fut déposé au Sénat en 1882. Ce projet, qui a subi de nombreux changements, comprenait outre la restriction du privilège du bailleur, la subrogation de plein droit aux indemnités dues par les Compagnies d'assurances contre les incendies, la grêle, etc., au profit de créanciers privilégiés et hypothécaires, et deux autres dispositions, l'une relative au crédit réel mobilier, gage sans déplacement l'autre, à la circulation des billets à ordre souscrits par les agriculteurs. Les deux premières parties seules du projet ont survécu et sont devenues la loi du 19 février 1889.

Le 10 mai 1890, M. Méline déposait à la Chambre des Députés une proposition de loi relative à l'organisation du Crédit agricole, en prenant pour base les Syndicats agricoles qui auraient été autorisés à se transformer en Sociétés de Crédit au moyen d'une modification à leurs Statuts. A la suite de certaines retouches apportées au texte primitif et portant notamment sur ce point que ce ne seraient pas les Syndicats eux-mêmes qui deviendraient des Sociétés de Crédit, mais jouiraient seulement de certaines facilités pour créer des Caisses de Crédit, cette proposition devint la loi du 25 novembre 1894.

Sans pouvoir faire une étude détaillée des divers projets de lois et des nombreuses propositions dues à l'initiative parlementaire, citons toutefois :

1° La proposition de loi *Guillemet* tendant à faciliter le crédit populaire agricole par la réforme du régime hypothécaire et la diminution des droits d'enregistrement, des honoraires des notaires pour les obligations inférieures à 5,000 francs.

2° La proposition *Antonin Proust*, en vue d'organiser le Crédit agricole ; elle comprenait trois titres :

1) Organiser le gage sans déplacement.

2) Commercialiser la signature des agriculteurs apposées sur les billets à ordre.

3) Autoriser la Banque de France à escompter les effets agricoles et à ouvrir des crédits aux agriculteurs jusqu'à concurrence de 20,000 francs. Les Syndicats pourront en outre garantir les emprunts faits par leurs adhérents.

3° Proposition *Martinon* et *Méline* organisant le crédit réel agricole par l'établissement de docks greniers et la création de certificats de dépôts de grains négociables.

4° Proposition *Paul Laffargue* organisant le crédit agricole par la création de caisses municipales d'approvisionnement.

5° Projet de loi présenté par M. *Develle*, ministre de l'agriculture et par M. *Rouvier*, ministre des finances, en vue de créer une Société de crédit agricole populaire.

6° Proposition *Castelin* tendant à faciliter le crédit aux fermiers par la mobilisation d'une portion de l'actif agricole frappé par le privilège du propriétaire foncier.

7° Projet de loi présenté par M. *Viger*, ministre de l'agriculture et par M. *Peytral*, ministre des finances ayant pour but la création d'une Société de crédit agricole et populaire.

8° Proposition *Jean Codet* s'occupant de la création du crédit agricole hypothécaire à long terme et à taux réduit.

9° Proposition *Calvet*, organisation de l'assurance et du Crédit agricoles.

10° Projet de loi déposé par M. *Méline*, ministre de l'agriculture et par M. *Peytral*, ministre des finances en vue de créer des caisses régionales de crédit agricole mutuel.

Après cet exposé, nous pouvons répéter avec M. Joacquin Diaz de Rabago (1) que « pour l'étude du Crédit agricole, on peut bien dire que la France a été le cerveau de l'Europe : qu'on peut admirer le zèle et la sollicitude avec lesquels les Gouvernements qui se sont succédé ont examiné le problème, la fécondité d'invention des auteurs de projets, puisque les moyens, plans et systèmes proposés dépassent le chiffre de Deux Cents, et la tenace persévérance de certains défenseurs de l'agriculture qui ont patiemment ouvert la voie à l'opinion publique. »

(1) *El credito agricola,* page 62.

CHAPITRE IV

Législation du Crédit réel mobilier agricole

—

Nous allons maintenant voir quel a été le résultat de ces travaux.

Nous débuterons par l'étude du crédit réel car c'est lui qui a motivé les premières modifications apportées à notre législation civile, modifications qui étaient nécessaires pour l'organisation du crédit personnel, objet de la deuxième partie de notre travail.

SECTION I. — Loi du 19 Février 1889

—

§ Iᵉʳ. — *Privilège du bailleur d'immeubles*

En vue de permettre aux propriétaires de se montrer moins exigeants dans le choix de leurs fermiers et d'avoir en même temps la quasi certitude de pouvoir se faire payer leurs fermages, le Code Civil dans

l'article 2102 décide que les loyers et fermages des
immeubles sont privilégiés. « Sur les fruits de la ré-
« colte de l'année et sur le prix de tout ce qui garnit
« la maison louée ou la ferme, et de tout ce qui sert à
« l'exploitation de la ferme : savoir, pour tout ce qui
« est échu et pour tout ce qui est à échoir, si les
« baux sont authentiques, ou si, étant sous signature
« privée, ils ont une date certaine ; et, dans ces deux
« cas, les autres créanciers ont le droit de relouer
« la maison ou la ferme pour le restant du bail, et de
« faire leur profit des baux ou fermages, à la charge
« toutefois de payer au propriétaire tout ce qui lui
« serait encore dû. Et à défaut de baux authentiques,
« ou lorsqu'étant sous signature privée, ils n'ont
« pas une date certaine pour une année à partir de
« l'expiration de l'année courante. Le même privilège
« a lieu pour les réparations locatives et pour tout ce
« qui concerne l'exécution du bail ».

Le Code civil donne une assiette très large au privilège du bailleur d'un fonds rural, il porte non seulement comme dans l'ancien droit sur tout ce qui garnit
la maison louée ou la ferme et tout ce qui sert à
l'exploitation de la ferme, mais encore sur les fruits
de la récolte de l'année et en cela il innove sur l'ancien
droit français.

Par meubles servant à l'exploitation de la ferme, il
nous semble qu'il faut entendre tous les objets dont le
fermier se sert pour l'exploitation de l'immeuble loué,

tels que les animaux, chevaux, bœufs, etc, les instruments aratoires, les machines, les voitures. En
établissant une distinction entre ces objets et ceux qui
garnissent la ferme, le législateur manifeste son
intention de les voir frappés du privilège, même
lorsqu'ils sont placés dans des bâtiments appartenant
au fermier ou à des tiers sauf réserve des droits de
ces derniers.

Les meubles appartenant à des tiers qui les ont
confiés au locataire à un titre quelconque sont aussi
frappés du privilège du bailleur s'ils servent à l'exploitation ou s'ils garnissent les lieux loués. Il y a
toutefois exception au cas où le bailleur a été suffisamment averti par la profession du locataire des droits
que les tiers peuvent avoir sur des objets qui se trouvent dans les lieux loués.

En vertu de l'article 2102, les créances garanties
peuvent être parfois considérables. S'il existe un bail
n'ayant pas date certaine, le locataire a privilège pour
une année à partir de l'expiration de l'année courante,
et aussi, d'après l'opinion généralement admise en
doctrine et en jurisprudence, pour l'année courante
et pour les années échues, si le bail a date certaine
pour : 1° tous les loyers ou fermages échus ; 2° tous
ceux à échoir.

En outre, par application de l'article 1188 du Code
Civil ainsi conçu :

« Le débiteur ne peut plus réclamer le bénéfice du

« terme lorsqu'il a fait faillite, ou lorsque par son fait
« il a diminué les sûretés qu'il avait données par le
« contrat à son créancier », le fermier qui n'avait pu
payer ses termes de loyer à leur échéance ou qui,
tombant en déconfiture, devait payer immédiatement
au propriétaire, par privilège et préférence aux autres
créanciers, non seulement le montant de tous les
termes échus, mais encore celui de tous ceux à échoir
jusqu'à la fin du bail quelque long qu'il soit.

Ainsi dans le malheur commun, lorsque tous les
créanciers perdaient une partie ou la totalité de leurs
créances, le propriétaire seul, non seulement ne per-
dait rien, mais réalisait un profit parfois assez considérable, puisqu'il touchait immédiatement la totalité
de sa créance qui n'aurait été payable que par parties.

Le législateur de 1804 s'était trop préoccupé de
fournir des sûretés à ceux qui détiennent la propriété
du sol, leur sacrifiant la classe si intéressante de ceux
qui le cultivent. Au bailleur d'immeubles, c'est-à-dire
propriétaire, usufruitier ou locataire principal, il
avait accordé un privilège si considérable qu'il anéan-
tissait le crédit du fermier. Avec l'existence d'un pa-
reil privilège, le fermier n'avait pas la possibilité d'offrir de sûreté et ne trouvait pas à emprunter ; son
patrimoine était frappé d'une véritable indisponibilité,
par suite de l'étendue de ce privilège. Le prêteur ne
pouvait, en effet, prendre en considération qu'il lui
serait peut être possible de relouer l'immeuble lors-

que le propriétaire aurait été complètement désintéressé, ce n'était pas là son affaire ; les fonds n'allaient donc pas à la terre, le fermier était par suite incapable de se procurer des capitaux pour améliorer son exploitation et donner à sa culture toute l'étendue qu'elle peut comporter.

Le Code Napoléon n'avait qu'un but, procurer aux fermiers leur instrument de travail, le sol, mais n'avait pas songé à établir un rapport entre le crédit procuré et le privilège accordé ; il y avait disproportion entre le service rendu et le prix du service qui ne doit pas être supérieur au profit le plus élevé que l'on en retire. Le bailleur sous forme de privilège obtenait une garantie supérieure à l'avance qu'il faisait. Son droit de propriété s'en trouvait il est vrai fortifié. Or n'était-ce pas l'idée directrice des préparateurs du Code ?

Aussi en présence de cette exagération de sûreté fournie au bailleur, les associations agricoles, les comices avaient-ils demandé la modification de l'art. 2102. Dès 1845, un vœu dans ce sens fut adopté par le Congrès central d'agriculture.

De semblables vœux furent émis en 1848 et en 1856, par les commissions chargées par le Gouvernement d'étudier la question. Un projet de loi fut même proposé après délibération de la commission d'enquête, mais il fut repoussé par le Conseil d'Etat.

La Commission de 1866 fut aussi unanime à reconnaitre que l'étendue du privilège compromettait les intérêts du fermier.

En 1882, le 20 juillet, le Gouvernement présenta au Sénat un projet de loi relatif à l'organisation du crédit agricole. La commission chargée de l'examen de ce projet déposa son rapport le 31 juillet 1883.

Le projet qui comprenait quatre titres fut rejeté par le Sénat. Le 6 décembre 1887, M. Labiche, sénateur remit un nouveau rapport dans lequel il proposait :

1° La restriction du privilège du bailleur.

2° La subrogation de plein droit des privilèges mobiliers sur les indemnités dues par les compagnies d'assurances.

3° La commercialisation des billets à ordre.

A la suite de longues discussions, tant au Sénat qu'à la Chambre, fut votée la loi du 19 février 1889. La commercialisation des billets à ordre fut ajournée.

Cette loi intitulée « loi relative à la restriction du privilège du bailleur d'un fonds rural, et à l'attribution des indemnités dues par suite d'assurances » décide dans son article premier : « Le privilège « accordé au bailleur d'un fonds rural par l'article « 2102 du Code Civil ne peut être exercé, même « quand le bail a acquis date certaine que pour les « fermages des deux dernières années échues, de « l'année courante et d'une année à partir de l'expira- « tion de l'année courante ainsi que tout ce qui con- « cerne l'exécution du bail et pour les dommages et

« intérêts qui pourront lui être alloués par les tribu-
« naux. »

Elle a étendu à l'agriculture les dispositions de la
loi du 12 février 1872 portant modification des articles
450 et 550 du Code de Commerce. Cette loi décidait
qu'en cas de faillite de locataire si le bail est résilié
le bailleur ne pourrait, que le bail ait ou non date certaine, se faire payer par privilège plus de deux années
échues, l'année courante et une année à partir de
l'expiration de l'année courante ; si le bail n'est pas
résilié, le bailleur une fois payé de tous les loyers
échus, ne peut exiger le paiement par avance de tous
les loyers en cours ou à échoir quand les sûretés qui
lui ont été données lors du contrat sont maintenues
ou quand celles qui lui ont été fournies depuis la
faillite sont jugées suffisantes.

L'agriculteur qui tombait en déconfiture n'était pas
soumis au régime de la loi de 1872 et l'article 2102 du
Code Civil lui restait applicable. Aujourd'hui le bailleur
peut, s'il lui convient, demander la résiliation, mais
quand le bail n'est pas résilié et qu'il y a eu vente du
mobilier garnissant un fonds rural, le privilège,
comme dans le cas de faillite prévu par la loi de 1872
est restreint aux fermages des deux dernières années
échues, l'année courante et l'année qui suit, sans qu'il
y ait à distinguer si le bail a ou non date certaine.
Pour les années antérieures non privilégiées, le
baillleur pourra se présenter comme créancier chiro-

graphaire et venir à la distribution au marc le franc.

La loi ne parle pas des immeubles urbains, mais des immeubles ruraux. Par immeuble rural on entend en général tout l'immeuble loué par le fermier pour l'exploiter, c'est-à-dire, la terre cultivée aussi bien que les bâtiments d'exploitation à condition toutefois qu'ils dépendent de l'exploitation agricole. Le projet de la Commission parlementaire contraire en cela au projet du gouvernement ne faisait aucune différence entre le bailleur de fonds rural et urbain, mais l'assimilation fut écartée, car le plus souvent le fermier n'a pour toute fortune que le mobilier qui lui sert à l'exploitation de la ferme, tandis que ce mobilier n'est qu'une portion minime de la fortune du locataire d'un immeuble urbain ; et ce mobilier du fermier surtout dans les grandes exploitations agricoles est souvent un gage considérable pour le bailleur d'un fonds rural.

Outre le privilège qu'a le propriétaire pour le paiement des fermages dans les limites fixées par la loi de 1889, il a encore privilège : 1° pour les dommages et intérêts qui pourront lui être alloués par les tribunaux ; 2° pour tout ce qui concerne l'exécution du bail c'est-à-dire pour les réparations locatives, les indemnitées dues par le fermier sortant pour pailles et fumiers, les fournitures faites par le bailleur, en vertu d'une clause du bail et en général toutes les avances consenties en vue de l'exploitation mais non celles

qui n'ont pas été faites au moment du bail ni consta-
tées dans l'acte, car il en résulterait la création d'un
véritable privilège occulte qui ne permettrait plus au
prêteur de juger exactement le crédit de son emprunteur et le fermier ne trouverait plus à emprunter.
Tous les créanciers du preneur, et non seulement les
créanciers pour cause agricole, profitent de cette restriction du privilège du bailleur. M. Marcel Barthe
proposa un amendement en sens contraire qui fut repoussé.

Lorsque cette loi fut votée, la plupart des autres
pays d'Europe et particulièrement ceux qui vivaient
sous le régime du Code Napoléon avaient modifié
leur législation dans un sens plus favorable aux fermiers.

Dès 1884, *la loi belge* du 15 avril décidait dans son
article 9 que, à l'égard des prêts faits dans l'intérêt
agricole : « Le bailleur n'est privilégié que pour trois
années échues des fermages pour l'année courante et
pour les dommages-intérêts qui lui seraient accordés
à raison de l'inexécution des obligations du fermier
relatives aux opérations locatives et à la culture.

La loi organise même une certaine publicité pour
l'étendue du privilège du bailleur qui est ainsi res-
treinte dans l'avenir à l'année échue. Le prêteur peut
à tout moment requérir de l'emprunteur la présentation des quittances et loyers échus et même en rete-

nir la garde contre récépissé à charge de les présenter à toute réquisition.

Enfin une autre innovation consiste à obliger le propriétaire faisant des avances à son fermier pour l'exécution du bail à se conformer à la publicité inaugurée par la loi nouvelle pour les prêts agricoles.

En Italie d'après l'article 5 de la loi du 23 janvier 1887 le privilège du bailleur s'il se trouve en conflit avec celui du prêteur par application de cette loi ne peut être exercée seulement « pour les loyers de deux années échues, de l'année courante et d'une année en plus si le bail a date certaine. »

En Écosse et en *Angleterre*, les fermiers sont régis par les mêmes lois que les commerçants, ils relèvent des mêmes tribunaux, sont soumis aux mêmes lois d'exécution ; ils peuvent même être mis en faillite. Dans ce dernier cas le privilège du propriétaire est limité à une seule année de fermage.

La limite imposée par la loi de 1889 est fort juste, car le propriétaire qui laisse son fermier s'attarder indéfiniment ne lui rend pas toujours un bon service, loin de là ; cette tolérance est souvent la ruine pour le fermier.

Certains propriétaires s'abstenaient de réclamer avec insistance leurs fermages et lorsque la dette atteignait la valeur totale du mobilier ils faisaient valoir leurs droits. Non seulement le fermier était victime de cette inaction prolongée du propriétaire, mais

aussi les créanciers chirographaires qui en voyant le
fermier jouir en paix durant plusieurs années de l'immeuble loué avaient pu croire qu'il payait régulièrement ses fermages et que le mobilier restait leur
gage.

Aujourd'hui, le propriétaire est obligé d'exiger plus
régulièrement le paiement de ses fermages, il force
ainsi son fermier à examiner ses affaires, à savoir
exactement dans quelle position il se trouve et à
prendre l'habitude d'acquitter régulièrement ses engagements. Les rapports entre le fermier et le propriétaire n'ont fait que s'améliorer par ce fait que le bailleur
s'intéresse d'une manière plus directe à la marche de
l'exploitation agricole.

Il n'y a pas, en effet, contrariété d'intérêts entre le
fermier et son propriétaire, mais une véritable association et nous le reconnaissons bien volontiers très
souvent, lorsque, malgré sa bonne volonté, le fermier
ne peut payer, le propriétaire diminue ses fermages
ou lui fait remise de son arriéré s'il a affaire à un
homme qui en est digne. C'est une nécessité à laquelle
maints propriétaires se sont trouvés réduits pendant
ces dernières années, alors que la crise agricole
sévissait avec tant d'intensité, et l'effet que l'on re-
doutait après le vote de la loi de 1889 ne s'est pas
produit ; l'accès de la terre n'a pas été rendu plus difficile aux fermiers ; ce sont, au contraire, les propriétaires qui ont parfois éprouvé de la difficulté à

louer leurs terres en raison de l'abandon des campagnes par les fermiers (1).

C'est pour sauvegarder cette harmonie qui doit régner entre tous associés que nous estimons qu'il ne convient pas de restreindre d'avantage le privilège du bailleur qui apparait à beaucoup de gens moins comme une prérogative inséparable du droit de propriété que comme un moyen de crédit.

Tant qu'il restera dans notre législation des privilèges, il ne nous semble pas qu'il y ait avantage de supprimer le privilège du bailleur. Il laisse subsister des rapports plus étroits et plus durables entre propriétaires et cultivateurs et facilite les baux d'une certaine durée dont les avantages sont incontestables pour l'agriculture.

Nous ajoutons dès maintenant que la loi de 1898 autorisant la création de warrants agricoles sans déplacement, non seulement ne porte pas atteinte au privilège du propriétaire, mais dans son article 2 fournit à ce dernier une garantie nouvelle. En effet,

(1) Depuis 1882, la baisse moyenne des fermages de 11,15 pour cent, le fermage n'est plus que de 47 francs par hectare (sur l'ensemble du territoire) au lieu de 53 francs environ en 1882. Cette baisse est d'ailleurs inégalement répartie, elle est plus forte sur les terres labourables que sur les prés, plus aussi sur les prés que sur les vignes.

Ce sont les départements du Nord de la France qui paraissent avoir le plus souffert. On parle dans le Nord et de l'Aisne de baisse de 50 pour cent. (*Revue politique et parlementaire*, Article de M. Bourguin. 1898, page 516).

Kirch 4

bien que l'article 1er de la loi du 28 mai 1858 ait dit
formellement que les magasins généraux pouvaient
seulement recevoir les matières premières, les marchandises et objets fabriqués que les négociants et
industriels veulent y déposer, par suite d'une tolérance
administrative les fermiers habitant à proximité d'une
localité où se trouvait un magasin général y faisaient
warranter leurs récoltes sans se munir préalablement
de l'autorisation du propriétaire ; aujourd'hui au
contraire le fermier voulant jouir des avantages de la
loi de 1898 devra obtenir l'assentiment du propriétaire
qui en outre conservera son privilège sur la différence
entre la somme prêtée et la valeur du produit warranté.

§ 2. — *Subrogation de plein droit des privilèges
mobiliers sur les indemnités dues par les Compagnies d'assurances.*

Dans son article 2, la loi du 19 février 1889 décide :
« Art. 2. — Les indemnités dues par suite d'assurances
contre l'incendie, contre la grêle, contre la mortalité
des bestiaux ou les autres risques, sont attribuées
sans qu'il y ait besoin de délégation expresse, aux
créanciers privilégiés ou hypothécaires suivant leur
rang. Néanmoins les paiements faits de bonne foi
avant opposition sont valables. » La disposition de

l'article 2 se rattache à la législation du crédit agricole en ce qu'elle est de nature à favoriser ce crédit puisqu'elle fait porter le privi ège du bailleur **sur** l'indemnité due au preneur par l'assureur, sans nécessiter de convention expresse.

Avant cette loi le créancier se faisait la plupart du temps consentir une cession ou délégation des droits du débiteur contre l'assureur ; car l'indemnité d'assurance ne pouvait être considérée comme le prix de la chose et la règle d'après laquelle le droit de préférence s'exerce **sur** le prix de la chose ne s'appliquait pas ; la chose était censée perdue, d'après l'article 2180 le privilège ou l'hypothèque s'éteignant par la perte de la chose. Il en était de même du droit de préférence qui y était attaché.

Aujourd'hui, en cas de perte des objets assurés, le bailleur passe sur l'indemnité accordée au preneur au même rang qu'il serait venu sur le prix de vente de ces objets.

L'article du projet primitif était beaucoup moins compréhensif ; il disposait : « Tous les privilèges « mobiliers s'exercent dans l'ordre de leur classe- « ment sur les indemnités dues par la Compagnie « d'assurance contre l'incendie, contre la grêle, contre « la mortalité des bestiaux et les autres riques agri- « coles ».

La loi de 1889 n'a pas, comme les lois belge et italienne, prévu le cas où l'indemnité serait employée à remettre les choses dans l'état où elles se trouvaient avant le sinistre. Il faut donc appliquer les principes généraux en matière d'exécution des contrats. Le bailleur doit subir cette restitution, si cette faculté a été donnée à l'assureur dans le contrat d'assurance ; si le contrat est muet ou l'option réservée à l'assuré, le bailleur a le droit d'exiger le paiement de l'indemnité en numéraire.

Avant le vote de la loi de 1889, on s'était depuis longtemps occupé de régler cette question d'exercice du droit de préférence sur les indemnités d'assurances.

Dès 1849, la Commission nommée par le Gouvernement pour la préparation du projet de loi sur la réforme hypothécaire, avait admis le principe que l'indemnité en matière d'assurance devait être considérée comme tenant lieu de la chose et elle avait proposé de modifier l'article 2180 du Code Civil de la manière suivante :

« Les privilèges et hypothèques s'éteignent : 1° par
« la perte ou la destruction de la chose hypothéquée ;
« néanmoins, ce qui peut en rester et les indemnités
« dues au débiteur seront affectées au paiement des
« créances privilégiées ou hypothécaires selon le
« rang de chacune d'elles ».

La Commission de l'Assemblée législative reproduisit dans son projet cette disposition en l'étendant aux récoltes et effets mobiliers assurés soit contre l'incendie, soit contre tout autre fléau.

Ce projet de loi ne fut pas converti en loi.

Les législations belge et italienne nous devancèrent encore sur ce point.

L'article 10 de la loi belge hypothécaire du 10 décembre 1851 s'exprime ainsi :

« Lorsqu'un immeuble, des récoltes ou des effets
« mobiliers auront été assurés soit contre l'incendie,
« soit contre tout autre fléau, la somme qui, en cas
« de sinistre, se trouvera due par l'assureur devra,
« si elle n'est pas appliquée par lui à la réparation de
« l'objet assuré, être affectée au paiement des créances
« privilégiées ou hypothécaires selon le rang de cha-
« cune d'elles. Il en sera de même de toute indem-
« nité qui serait due par des tiers, à raison de la
« perte ou de la détérioration de l'objet grevé du
« privilège ou de l'hypothèque ».

L'article 12 de la loi italienne du 23 janvier 1887 sur le crédit agricole porte : « Si les objets soumis aux privilèges sont assurés, les sommes dues par les assureurs à titre d'indemnité pour pertes ou dommages sont affectées au paiement de la créance privilégiée suivant son rang à moins que ces sommes ne soient employées à réparer la perte ou le dommage. »

La disposition contenue dans l'article 2 de la loi du 19 février 1889 a certainement eu de très heureuses conséquences pour l'agriculture. Elle a évité à ceux qui faisaient des prêts agricoles la nécessité d'insérer dans le contrat de prêt la clause de délégation devenue de style ; elle a facilité le crédit à l'agriculteur puisque, grâce à l'assurance, le capitaliste jouit d'une sécurité absolue au point de vue matériel et moral, il se trouve en effet prémuni contre les fléaux qui désolent l'agriculture et a la certitude d'être remboursé du capital qu'il a confié à la terre.

SECTION II.— Loi du 18 Juillet 1898 sur les warrants agricoles.

La Chambre des députés, en même temps qu'elle adopta les dispositions restreignant le privilège du bailleur d'immeubles et réglant l'attribution des indemnités dues par les compagnies d'assurances, rejeta deux autres propositions : le nantissement sans dessaisissement des valeurs mobilières et la commercialisation des engagements de l'agriculteur.

C'est seulement la loi du 18 juillet 1898 qui, votée sous l'influence des idées et des nécessités économiques, a donné à tout agriculteur le droit de créer, à son domicile même, un warrant sur les produits de son exploitation, agricoles ou indutriels, de conservation facile, limitativement énumérés.

Voyons en quoi consiste le warrantage.

Toutes les fois que des objets sont déposés dans un magasin général, on délivre au déposant un récépissé et un warrant ; ces deux titres sont rédigés sur une seule feuille détachée d'un même registre à souches ; sur la souche qui reste entre les mains du magasinier sont reproduites les principales mentions du récépissé et du warrant ; le récépissé est destiné à servir d'instrument de vente ; le warrant constitue un instrument de crédit. Ces deux titres sont à ordre et peuvent par suite se transmettre par simple endossement.

Le warrant est un bulletin de gage, grâce auquel on peut facilement trouver à emprunter sur la marchandise sans qu'il soit besoin de la déplacer ; en effet, par sa transmission, le créancier gagiste est mis en possession du gage et a le droit de le faire vendre à l'échéance. La transmission produit ses effets à l'égard des tiers quand l'endossement a été transcrit ; c'est donc un titre à ordre qui favorise particulièrement la circulation de la marchandise par la dérogation apportée à la règle : « nantissement sur nantissement ne vaut ». Le warrant jouit encore d'autres avantages, il est dispensé d'une des signatures exigées par les établissements de crédit, et c'est un titre facilement négociable qui offre pour le preneur et pour le public une entière sécurité. En outre, le porteur de warrant est un véritable créancier gagiste primé seulement par les contributions indirectes.

D'autre part si la valeur de la marchandise est plus

élevée que le montant du warrant, l'emprunteur peut se servir du récépissé, certificat de propriété permettant de disposer de la marchandise également sans la déplacer, sous la réserve des droits du gagiste, il peut l'endosser à titre de garantie, mais le porteur du warrant lui reste préférable.

Comme nous l'avons déjà noté il résulte de la loi du 28 mai 1858, article 1ᵉʳ, que :

1° Seules les matières premières, marchandises et objets fabriqués peuvent être disposés dans les magasins généraux ;

2° Que le dépôt peut être seulement fait par des négociants ou industriels pour des marchandises de leur commerce.

Bien que l'agriculteur ne puisse pas être considéré comme un industriel, malgré la place réservée à l'agriculture par l'économie politique dans le dénombrement des industries, on ne fit jamais l'application de l'article 411 du Code Pénal au magasinier convaincu d'avoir contrevenu à l'article 1ᵉʳ de la loi de 1858, en délivrant des warrants aux agriculteurs ; l'administration avait donc donné une autorisation tacite de laisser bénéficier les agriculteurs des avantages de la loi du 28 mai 1858 (1), estimant que l'agriculteur pouvait trouver une grande utilité à déposer sa récolte dans un magasin général et à le warranter s'il jugeait

(1) V. Exposé des motifs, proposition de loi sur les warrants agricoles par M. Delaunay, nᵒˢ 2351 et 2552.

que les conditions de vente seraient plus favorables dans quelques mois.

L'agriculture française n'avait malheureusement guère profité de cette tolérance d'emprunter sur les marchandises mises en dépôt dans les magasins généraux, car ces bâtiments installés dans les localités d'une certaine importance sont généralement très éloignés du centre de production ; aussi M. Martinou avait-il déposé une proposition de loi dans le but de faciliter l'installation de docks greniers dans les petites agglomérations.

En outre dans les grandes villes le prix du charroi, de la location et de la garde étant assez élevés par suite de la cherté de la main-d'œuvre et de la valeur du terrain, les agriculteurs ne pouvaient sans de très grands frais consigner dans les magasins généraux leurs produits parfois volumineux et encombrants. Ils ne trouvaient donc point les capitaux nécessaires à la bonne marche de leur exploitation.

Pour remédier à cette entrave apportée au crédit de l'agriculture le législateur a admis que l'emprunteur pourrait rester en possession de certains produits bien que garantissant une dette.

Mais alors quelle est la nature juridique du droit conféré au créancier ?

On a dit, que c'était un gage sans dessaisissement.

On y a vu une atteinte portée aux principes du droit civil en matière de gage qui exige pour la cons-

titution du gage le transport de possession des produit gagés de manière à assurer la sécurité du
créancier gagiste qui n'est pas exposé à voir son
débiteur détériorer la chose et aussi pour avertir les
tiers qu'ils ne doivent plus la compter dans le patrimoine du débiteur. Eh bien, ici nous ne retrouvons
plus la remise d'une chose au créancier qui la conserve pour sa sûreté. Nous ne croyons pas comme
M. Chastenet, rapporteur à la Chambre que les produits gagés ont leur représentation légale dans le
Warrant et que la remise de ce titre représentatif
peut constituer la tradition qu'exigent les principes
en matière de la constitution de gage et qu'en même
temps s'opère une sorte de *traditio brevi manu* ou
quasi tradition des produits engagés de manière que
le propriétaire de ces produits se trouvera détenir sa
propre chose pour le compte du créancier gagiste et
à titre de dépositaire avec toutes les conséquences du
droit qui en découlent et les pénalités qui peuvent en
résulter.

A notre avis on ne saurait dire que le titre remis
au créancier représente l'objet, il ne sert qu'à constater le droit sur l'objet warranté et joue le même rôle
que l'un des bordereaux que remet le conservateur
des hypothèques après y avoir certifié qu'il a fait
l'inscription (art. 2150 C. C.).

Contrairement à ce qui existe dans le warrant commercial où le débiteur gagiste ne peut plus disposer

de l'objet puisqu'il est déposé dans un magasin général. ici le débiteur le conserve par devers lui. Aussi
ne voyons-nous pas là un gage, car « la remise de la
chose au créancier est de l'essence de ce contrat » (1),
pour nous c'est une sorte d hypothèque mobilière ; la
chose est en effet simplement affectée au paiement
sans déplacement ; or le caractère de l'hypothèque
est de ne pas exiger la dépossession. Il y a là quelque
chose d'analogue à ce qui existe pour le privilège
du bailleur qui n'est lui-même que l'hypothèque
mobilière du droit romain prétorien, conservée sous
un autre nom et regardée comme fondée sur l idée de
gage, cette particularité s'explique par ce fait que le
nantissement et l'hypothèque sont un contrat de
même nature différant seulement par la publicité et
par quelques effets. La publicité dans le privilège du
bailleur, qui pourrait peut-être être modifiée, consiste
dans le dépôt des meubles et des fruits dans les
lieux loués, c'est un avertissement donné au tiers.

Cette opinion semble être celle de M. Thaller lorsqu'il dit : « ce privilège très facile à justifier au temps
« où l'on admettait l'hypothèque sur les meubles dé
« roge aujourd'hui aux principes du nantissement. »

Il se produit actuellement sous l'influence des idées
et en présence des besoins économiques, une sorte
de retour aux dispositions que l'on trouvait dans le

(1) Paroles du tribun Gary. Discours au corps législatif,
Fenet XV. p. 214.

droit romain, c'est-à-dire, à l'hypothèque mobilière.

On a créé en 1874 l'hypothèque mobilière des navires jaugeant au moins vingt tonneaux ; de même, la loi du 1er mars 1898 a fourni le moyen d'engager sans déplacement les marchandises et le matériel industriel des fonds de commerce.

C'est la crainte d'ajouter une nouvelle dérogation aux principes du droit civil qui a retardé le vote des diverses propositions soumises à la Chambre, en vue d'autoriser la création du gage sans déplacement réclamée depuis bientôt 25 ans par les syndicats agricoles et les diverses sociétés d'agriculture et pratiquée déjà depuis 1851 par les banques agricoles coloniales.

Dès 1856, à la suite d'une consultation des conseils généraux et d'arrondissements, ainsi que des sociétés agricoles, la Commission chargée de dépouiller les résultats de l'enquête, émit l'avis de modifier l'article 2076 du Code civil et de créer le gage sans dessaisissement en faveur de l'agriculture. La Commission de 1866, chargée d'une semblable enquête, aboutit à une conclusion identique.

En 1879, M. de Mahy, Ministre de l'agriculture déposa à la Chambre un projet de loi en vue de réformer notre législation conformément à ces indications. En 1882, ce projet de loi fut rapporté au Sénat par M. Labiche qui ajouta en 1887, un rapport supplémentaire. En 1890, M. Emile Ferry déposa à la Chambre une nouvelle proposition de loi en ce sens. Ces divers projets pour des raisons diverses furent rejetés soit par la Chambre, soit par le Sénat. Enfin M. Delaunay déposa sous le titre pour la première fois employé de « création et de négociation de warrants agricoles » une proposition de loi qui après avoir subi quelques modifications a été présentée comme projet de loi par le Gouvernement et est devenue la loi du 18 juillet 1898.

Mais tandis que nous discutions, les législations étrangères nous devançaient :

1° *En Belgique,* la loi du 15 avril 1884, a créé un privilège pour prêt agricole avec inscription sur un registre tenu par le Receveur de l'Enregistrement pour la conservation du privilège; la date de l'inscription fixe le rang. Le propriétaire même qui prête à son fermier est contraint d'observer ces formalités de publicité, le privilège du bailleur prime celui du prêteur pour trois années échues et l'année courante. Le privilège s'étend sur les mêmes objets dans les deux cas. Le prêteur peut à tout moment requérir de l'emprunteur, la présentation des quittances et loyers échus et même en retenir la garde contre récépissé à charge de les présenter à toute réquisition.

2° *Italie.* — La loi du 23 janvier 1887 s'est inspirée de la loi belge et a créé un véritable gage sans déplacement sous le nom de privilège analogue au privilège du bailleur. Seuls les établissements du crédit agricole ont le droit de stipuler pour prêts faits au propriétaire ou au fermier ce privilège qui porte sur les instruments aratoires, les troupeaux et tout ce qui sert à cultiver le fonds ou à le garnir, sur les fruits et récoltes engrangés. Ce privilège peut être général ou spécial. Enfin la publicité est assurée par une inscription gratuite du privilège sur un registre du Conservateur des hypothèques. Le privilège du bailleur reste préférable à celui des établissements du Crédit agricole sauf une cession de rang.

3o Suisse. — La loi fédérale suisse des obligations tout en rejetant l'hypothèque mobilière laisse la faculté aux législations cantonales de permettre aux agriculteurs d'engager leurs bestiaux comme garantie d'une dette.

Leur engagement est soumis à la publicité par une inscription sur les registres publics.

La législation du canton de Zürich qui permettait l'hypothèque mobilière a subi du fait de cette loi une restriction qui n'a pas été bien accueillie des petits agriculteurs comme des petits commerçants dont le mobilier est le plus souvent le seul objet à offrir en garantie pour obtenir du crédit.

Dès 1851, la loi du 12 septembre avait dans le canton de Thurgovie, permis aux Caisses communales de prêt pour achat de bétail autorisées par l'Etat de prêter à l'agriculteur qui voulait acheter des bestiaux.

L'agriculteur les offrait comme garantie du remboursement de la somme prêtée mais sans être tenu de s'en dessaisir.

4° *Roumanie.* — En Roumanie les lois des 16 juin 1881 et 2 juin 1892 ont permis aux agriculteurs de garder en leur possession les produits récoltés qu'ils donnaient en gage. Ces lois ont organisé une publicité sérieuse et des peines sévères empêchent toute fraude. L'expérience est venue prouver l'efficacité de ces dispositions.

5° Enfin en *Russie* (1), pour enrayer le mouvement de baisse provoqué par l'affluence des produits sur le marché à la suite de bonnes récoltes, un ukase des 6-18 juin 1894 approuvant les statuts de la banque d'Etat russe a permis à cette banque de prêter sur un gage sans déplacement dans les conditions suivantes: Article 124 « à l'égard des personnes qui inspirent toute confiance à la banque des prêts sur billets à une signature garantie par la Constitution d'un gage mobilier peuvent être consentis aux conditions de faveur ci-après : La banque accepte comme gage les marchandises non portées sur la liste de l'article 109 ; les marchandises peuvent être laissées à la garde de

____

(1) V. exposé des motifs. Proposition de loi Delaunay sur la création des warrants agricoles, n° 2341, p. 3.

l'emprunteur et le montant du prêt peut être porté à 75 pour cent de l'estimation.

Quant aux législations anglo-américaines elles admettent l'hypothèque mobilière.

Ainsi la plupart des pays d'Europe ont reconnu l'utilité pour l'agriculteur de pouvoir offrir en gage les produits de la terre sans être tenu de les déposer dans des magasins généraux, à condition de remplir certaines formalités de publicité qui offrent toute sécurité aux tiers, en leur évitant de prêter à un homme dont la situation serait obérée bien qu'il n'y parût pas.

Après avoir jugé que l'expérience tentée dans les pays voisins avait produit d'excellents résultats et après un examen des nombreux projets et propositions de lois, le gouvernement a présenté aux Chambres un projet de loi qui est devenu définitif sans aucune modification.

Objets susceptibles d'être warrantés.

Ce sont d'après l'article 1er :
Les produits végétaux de consistance sèche ;
Céréales en gerbes ou battues ;
Fourrages secs, plantes officinales séchées ;
Légumes secs, fruits séchés et fécules ;

Matières textiles, animales ou végétales ;

Graines oléagineuses, graines à ensemencer ;

Vins, cidres, eaux-de-vie et alcool de natures diverses ;

Cocons secs et cocons ayant servi au grainage ;

Bois exploités, résines et écorces à tan ;

Fromages, miels et cidres, huiles végétales ;

Sel marin.

Le produit warranté reste, jusqu'au remboursement des sommes avancées, le gage du porteur du warrant.

Le cultivateur est responsable de la marchandise qui reste confiée à ses soins et à sa garde et cela sans indemnité.

Les boissons spiritueuses, les eaux-de-vie en particulier jouissent d'un avantage important par le warrant à domicile. Jusqu'ici les propriétaires qui envoyaient des eaux-de-vie au magasin général ne pouvaient plus les réintégrer à leur domicile même en dégageant le warrant sans payer des droits de régie élevés.

Demande d'extension du principe du gage sans dessaisissement aux récoltes pendantes par branches et racines, au bétail et aux instruments agricoles. — De même nous ne doutons pas que le propriétaire et le fermier useraient largement et utilement de la faculté que leur donnerait la loi d'engager sans avoir

Kirch   5

à s'en dessaisir les récoltes pendantes par branches et racines.

Nous pouvons déjà juger par expérience des résultats donnés aux Colonies par la pratique du prêt sur nantissement des récoltes pendantes, autorisé par la loi du 11 juillet 1851, qui créait les banques coloniales. Il a produit les meilleurs effets pour l'organisation, le développement du crédit agricole, après l'abolition de l'esclavage, c'est-à-dire, à un moment où il était si nécessaire de l'organiser.

Une récolte près de sa maturité est une garantie presque assurée pour le créancier ; il peut déjà juger de sa valeur, et, pour tenir compte d'une fâcheuse éventualité la loi de 1851 n'autorise le prêt que jusqu'à la valeur du tiers de la récolte. Le fonctionnement de cette institution mérite que nous nous y arrétions quelques instants.

La publicité du prêt s'opère par une inscription sur un registre spécial au bureau de l'enregistrement, les créanciers antérieurs ont un délai d'un mois pour faire opposition. A l'expiration d'un mois et s'il n'y a pas opposition, la banque coloniale peut faire le prêt et inscrire son privilège qui pour nous n'est qu'une hypothèque mobilière Les statuts de la banque autorisent le prêt à 120 jours et la loi déclare justiciable des tribunaux de commerce tout souscripteur, endosseur ou donneur d'aval des effets souscrits par les banques.

Lors du renouvellement du privilège de ces banques on décida que la banque serait autorisée à prêter non seulement aux propriétaires mais encore aux fermiers (1).

En cas de détournement de la récolte affectée à la garantie, on applique l'article 408 du Code pénal. Si le propriétaire ou le fermier ne paie pas à l'échéance la banque a le droit de faire vendre aux enchères sans formalités de justice et de se payer par préférence sur le prix ; si par hasard, il abandonne l'exploitation la banque effectue la coupe elle-même.

Des pays voisins ont déjà autorisé des prêts, garantis par des récoltes pendantes par racines et les fruits des arbres non encore recueillis, tels la Belgique, loi du 15 avril 1884, la Roumanie, article 26 loi du 22 juin 1892 sur le crédit agricole qui donne une certaine extension à la loi du 16 juin 1881 et admet moyennant inscription sur un registre tenu à la mairie, la mise en nantissement des produits de toute nature attachés à la terre ou séparés.

En Espagne, il n'y a pas de loi spéciale, mais nous voyons, malgré cela, la banque de Ségovie faire des prêts pour un délai d'un an pour soixante pour cent de la valeur des récoltes.

Certes le législateur ne pouvait comprendre le bétail

(1) Rapport de M. Léveillé sur prorogation du privilège des banques coloniales. V. Annexes. *Journ. off.* 19 juin 1897.

et les récoltes pendantes dans son énumération des objets susceptibles d'être warrantés, sans sortir du cadre même limité par le titre de la loi sur les warrants agricoles dont l'objet est simplement de donner en gage sans les déplacer des terres et des bâtiments de leur exploitation les produits qu'ils pourraient à la rigueur warranter en les transportant dans les magasins généraux, n'étaient certaines difficultés.

Mais rien, à notre avis, n'empêcherait qu'une loi spéciale permît de donner en gage et sans dessaisissement, les récoltes pendantes par branches et par racines et fît droit en même temps à la demande de ceux qui voudraient que le propriétaire et le fermier, ce dernier avec l'autorisation de son propriétaire et après déduction de la valeur du cheptel, pussent engager sans s'en dessaisir le bétail dont ils sont possesseurs, comme ils le font des autres produits agricoles.

A l'appui de leur proposition, les partisans de cette réforme exposent que la plupart du temps, le bétail constitue l'unique actif de la majorité des petits cultivateurs ; que c'est un élément du patrimoine beaucoup plus stable que les produits agricoles engrangés offrant un gage indiqué pour des prêts de longue durée tels que l'agriculture l'exige ; enfin que la faculté d'engager successivement toutes ses têtes de bétail peut être pour un cultivateur la seule ressource de doubler son écurie et d'obtenir ainsi les engrais nécessaires à l'amélioration de ses récoltes (1).

Cette réforme offrirait de très grands avantages pour beaucoup d'agriculteurs des contrées du Centre et de l'Ouest, où l'élevage est le produit le plus important de leur ferme, par exemple pour les agriculteurs de la Nièvre bien connus pour avoir fait les premières tentatives en vue de se procurer du crédit.

La loi n'autorise pas non plus le warrantage des instruments agricoles qui garnissent la ferme ; pourtant quelle base solide ce matériel n'offrirait-il pas au crédit à notre époque où le machinisme a pris une place si importante et est appelé à en prendre une plus grande encore dans l'exploitation rurale ?

Les industries agricoles telles que la sucrerie, la féculerie, l'amidonnerie etc, qui sont contraintes de faire de sérieuses avances de fonds pour payer la matière première, les salaires des ouvriers et les frais généraux de toutes sortes pourraient ainsi se procurer des fonds indispensables. Il y aurait là un crédit assis sur des objets non susceptibles de dégradation rapide que le détenteur ne peut faire disparaître facilement et qui par eux-mêmes conservent une valeur intrinsèque, qui n'exposent pas le prêteur qui les a en garantie à les voir subitement se déprécier, malgré l'opinion de certains auteurs. Ceux qui connaissent

(1) Vœu de l'Union des syndicats agricoles de Saône-et-Loire.

l'esprit de nos cultivateurs savent que les découvertes d'instruments plus perfectionnés ne les empêchent pas de se servir d'instruments qui le sont beaucoup moins, s'ils pensent pouvoir en retirer encore quelque utilité.

Le Portugal, l'Angleterre, l'Amérique où le matériel d'exploitation atteint parfois une valeur très élevée dans les grandes exploitations autorisent le gage sans déplacement du matériel d'exploitation. En Italie de même existe un privilège sur les instruments aratoires lorsque le prêteur l'a stipulé du propriétaire du fermier à qui il fait un prêt agricole. En Espagne, la banque de Ségovie, prête sur le matériel agricole, pour 60 pour cent de la valeur du matériel.

Nous ne croyons pas que le créancier qui aurait ainsi reçu en gage un ou plusieurs objets mobiliers serait exposé fréquemment à se voir privé de sa garantie par aliénation. Les pénalités édictées par l'article 408 du Code pénal nous semblent suffisantes pour arrêter l'emprunteur malhonnête de faire cette aliénation ; il hésitera à faire disparaître ses instruments devant la menace d'un emprisonnement de deux mois au moins, de deux ans au plus et d'une amende qui ne pourra excéder le quart des restitutions et des dommages-intérêts qui seront dus aux parties lésées, ni être moindre de vingt-cinq francs.

Il faut bien le reconnaître, le véritable motif du silence de la loi sur ce point, comme de la non compréhension des récoltes pendantes par racines et des animaux de la ferme n'est pas un oubli de l'auteur du projet. C'est qu'il a pensé avec le Conseil supérieur de l'agriculture chargé de la préparation du projet de loi, qu'il convenait de rejeter toutes les dispositions qui auraient pu le faire repousser comme l'avaient été antérieurement plusieurs autres projets ayant le même but. L'exposé des motifs le dit en termes formels : « Ne sont pas comprises dans cette nomenclature les récoltes pendantes par racines parce que ce sont elles que saisit le plus souvent le propriétaire quand il veut exercer son privilège contre son fermier. »

Le projet écarte également les animaux de travail et ceux de vente, laissant ainsi au propriétaire des garanties considérables absolument intactes, ce qui répond à la plus grande objection qui ait été faite aux projets antérieurement soumis au Parlement.

Certes rien de mieux que de sauvegarder le privilège du propriétaire, mais pour cela il est inutile de lui donner pour assiette des objets dont la valeur est plus considérable que les sommes dues pour l'année échue, l'année courante et l'année à venir pour lesquelles le propriétaire a privilège. Si l'on pense que le propriétaire peut faire d'autres prêts à son fermier, pourquoi ne lui ferait-on pas remplir certaines formalités semblables à celles que le législateur belge impose au propriétaire ? Il ne semble pas que depuis

1884 les propriétaires belges aient eu à s'en plaindre.

Délivrance du warrant. — L'article 2, détermine les conditions dans lesquelles le cultivateur, s'il n'est propriétaire ou usufruitier de son exploitation, pourra bénéficier de la loi:

« Il devra, avant tout emprunt, aviser le propriétaire du fond loué de la nature, de la valeur et de la quantité des marchandises qui doivent servir de gage pour l'emprunt, ainsi que du montant des sommes à emprunter.

Cet avis devra être donné au propriétaire, à l'usufruitier ou à leur mandataire légal désigné par l'intermédiaire du greffier du juge de paix du canton du domicile de l'emprunteur. La lettre d'avis sera remise au greffier qui devra la viser, l'enregistrer et l'envoyer sous forme de lettre recommandée comportant accusé de réception.

Le propriétaire, l'usufruitier ou le mandataire légal désigné pourront, dans le cas où des termes échus leur seraient dûs, dans un délai de douze jours francs à partir de la lettre recommandée, s'opposer au prêt sur les dits produits par une autre lettre adressée au greffier du juge de paix et également recommandée ».

Cet article contient tout d'abord une heureuse innovation, car la signification par lettre recommandée remplace avantageusement la signification par huissier.

Nous voyons, en outre, apparaître encore ici l'intention du législateur de sauvegarder les droits du bailleur de fonds propriétaire, usufruitier ou mandataire légal qui pourra s'opposer au prêt si des termes échus ou une partie des termes échus lui sont dûs ; toutefois, a dit M. Girard (1), il y a là, organisée, une procédure bien simple mais qui ne sauvegarde pas pleinement le droit du bailleur.

Il faudrait pour que le bailleur fût suffisamment protégé et garanti qu'il eût le droit de s'opposer au warrantage, non seulement quand il lui sera dû des termes échus mais aussi quand il pourra craindre que les objets mobiliers restants soient insuffisants pour garantir l'année courante et en même temps l'exécution des obligations qui sont imposées par le bail. Autrement on arrive à ce résultat, qu'un fermier, après avoir récolté ses produits, devant seulement à son propriétaire l'année courante non encore échue pourra parfaitement les gager et lorsque le propriétaire voudra se faire payer de l'année courante, la partie la plus importante de son actif aura disparu et sera le gage d'un tiers.

Cette objection qui, à première vue, semble démonstrative perd en pratique de son importance, tout en

____

(1) Discussion au Sénat. Amendement proposé par M. Girard, sénateur, séance du 8 juillet 1898. V. *Journal officiel*, 9 juillet, p. 789.

restant en principe fort juste, lorsqu'on se reporte à la liste des objets limitativement énumérés sur lesquels le fermier peut constituer un warrant ; on n'y rencontre en effet ni le mobilier de la ferme, ni le bétail, ni les récoltes pendantes par branches de racines sur lesquels peuvent s'exercer la saisie gagerie et la saisie-brandon. Ces objets sont certes la plupart du temps suffisants pour assurer dans l'état actuel de la législation le paiement de ce qui est dû ou sera dû au propriétaire ; mais si, comme il est fort probable et comme nous le souhaitons, l'agriculteur peut un jour engager son bétail, son mobilier, ses récoltes pendantes par branches et racines, il sera nécessaire d'autoriser le bailleur du fonds rural à s'opposer par lettre recommandée adressée au greffier du juge de paix non seulement lorsqu'il lui sera dû un arriéré sur les termes échus, mais quand par des motifs sérieux il y aura lieu de croire que les objets que l'on veut warranter sont utiles pour assurer le paiement des termes courants. Ce sera au juge de paix à trancher la question de savoir si les garanties sont suffisantes et il n'y a guère à craindre que le propriétaire cherche par le parti-pris à abuser du droit que lui conférerait la loi. N'est-il pas le premier intéressé à ce que son fermier trouve du crédit dans l'intérêt de la production ?

Formalités de la délivrance. — L'article 3 indique

les formalités à remplir pour l'établissement du warrant, en vue de la publicité du contrat. Le Juge de
paix doit inscrire sur les deux parties d'un registre à
souches la nature, la quantité et la valeur des marchandises déclarées par l'emprunteur pour servir de
gage à son emprunt, ainsi que le montant des sommes
à emprunter. Si l'emprunteur est fermier, il est fait
mention de la date de l'envoi de l'avis au propriétaire ainsi que de la non opposition de ce dernier.

L'expertise n'est pas indiquée dans la loi, car elle
n'est pas obligatoire, mais si l'on en fait une, son
résultat ainsi que le nom de l'expert seront également
indiqués sur les deux parties de la souche.

La feuille détachée de ce registre dûment timbré et
enregistré par le Juge de paix devient le warrant qui
permettra au cultivateur de réaliser son emprunt.

Cette transcription par le greffier du Juge de paix
est une heureuse innovation ; elle permettra à un
grand nombre de cultivateurs d'user des avantages
de la loi ; ils ne seront pas arrêtés par les frais qu'ils
auraient eus à supporter s'ils avaient dû prendre les
notaires comme intermédiaires.

La loi s'est d'ailleurs efforcée de réduire en toutes
circonstances les frais au minimum. Ainsi l'article 16
dispense de la formalité du timbre et de l'enregistrement les pièces relatives à la constitution et à la radiation de l'emprunt, il applique le droit commun c'est-
à-dire le timbre des effets de commerce (0 fr. 05 p. %)

à la feuille du warrant au moment de la remise au prêteur et ne rend obligatoire l'enregistrement (0 fr. 50 p. %) que dans le cas de protêt. De même conformément aux termes de l'article 15, un décret réglementaire du 11 août 1898 est venu fixer les émoluments des greffiers des justices de paix pour l'envoi des lettres recommandées, l'achat et la tenue des registres ainsi que la délivrance des certificats ; mais l'élévation de ces émoluments ayant rendu problématique l'application de la loi, un décret du 9 octobre 1898 modifiant le précédent a entre autres dispositions remplacé le droit proportionnel de 0 fr. 50 c. par le droit très modéré de 0 fr. 10.

De la sorte les frais pour le warrantage agricole sont tellement minimes qu'on ne peut soutenir que l'agriculteur a plus d'avantages à vendre son blé au cours du jour que de le warranter.

Publicité. — La publicité du contrat est en outre faite d'une manière si discrète qu'elle n'a rien qui puisse l'effrayer ; l'article 5 décide en effet que seulement *avec l'autorisation de l'emprunteur* les greffiers sont tenus de délivrer à tout prêteur le requérant, copie des inscriptions d'emprunt faites par l'emprunteur ou certificat établissant qu'il n'en existe aucune.

Circulabilité du warrant. — Une fois créé, le warrant agricole est appelé à circuler ; la facilité avec la-

quelle il le peut, constitue sa puissance économique,
le warrant est en effet escomptable, c'est-à-dire que
le propriétaire des objets warrantés comme par la
suite tous les porteurs peuvent l'endosser avant l'é-
chéance au profit de personnes qui leur payent le
montant du warrant sauf déduction des intérêts jusqu'à la date de l'échéance de la dette. Afin de favoriser l'escompte des warrants agricoles en vertu de
l'article 8, les établissements publics de crédit peuvent
recevoir les warrants comme effets de commerce
avec dispense d'une des signatures exigées par leurs
statuts.

Cette disposition s'explique par ce fait que si les
établissements privés de crédit peuvent escompter
librement les effets de commerce, il n'en est pas de
même des établissements publics ; la Banque de
France par exemple n'escompte que ceux revêtus
d'au moins 3 signatures notoirement solvables, grâce
à l'article 8 elle peut escompter les warrants agricoles
revêtus de 2 signatures. Il y a toutefois lieu de remarquer que c'est seulement pour elle une faculté,
mais on doit espérer qu'elle en usera largement car
elle aura là un effet garanti par des marchandises se
prêtant peu à des détournements d'ailleurs sévère-
ment réprimés par l'article 13 ainsi conçu : « Tout
agriculteur convaincu d'avoir détourné, dissipé ou
volontairement détérioré au préjudice de son créancier le gage de celui-ci, sera poursuivi correctionnel-

lement comme coupable d'abus de confiance et puni conformément aux articles 406 et 408 du Code Pénal, sans préjudice de l'application de l'article 463 du même Code ».

La Banque de France comme toutes les autres banques qui réescompteront ces billets trouveront en outre une garantie sérieuse dans l'apposition de la signature de la société de crédit agricole à laquelle s'adressera en général le cultivateur pour le premier escompte de son warrant et seront par cela même rassurées sur l'honorabilité de l'emprunteur.

Relativement à l'escompte des warrants la loi de 1898 renferme une exigence explicable par le désir de ne pas entraver les relations commerciales. D'après l'article 9 l'escompteur ou réescompteur d'un warrant est tenu d'en donner avis immédiat au greffier du juge de paix par lettre recommandée avec accusé de réception. Le propriétaire de la marchandise warrantée sait ainsi à qui il doit s'adresser pour se libérer même avant l'échéance de la créance garantie par le warrant comme l'y autorise l'article 7 moyennant le paiement de 10 jours d'intérêts à partir de ce remboursement.

Ristourne lui est ainsi faites des intérêts à courir moins les 10 jours que les banques retiennent suivant un usage constant. La loi s'écarte des dispositions qui s'appliquent au remboursement du warrant commercial où, au cas de refus du prêteur à recevoir le remboursement, la somme est consignée aux mains du tiers détenteur, c'est-à-dire des magasins généraux. En matière de warrants agricoles, le détenteur n'étant autre que le débiteur lui-même, l'assimilation était impossible et l'on a conservé les principes de droit commun de l'article 1259 du Code civil. La procédure de l'offre et de la consignation qui n'eut pas été suffisante pour rendre libre la marchandise engagée a été complétée par une disposition déclarant qu'une ordonnance du juge de paix libérera le produit warranté en transportant le gage sur la somme régulièrement consignée.

Pour le reste, on observera les formalités de remboursement telles qu'elles sont réglées par l'article 6.

« L'emprunteur qui aura remboursé son warrant le fera constater au greffe de la justice de paix ; le remboursement sera inscrit sur le registre à souche et prévu à l'article 3 et il lui sera donné un récépissé de la radiation de son inscription ».

Ces formalités sont de nature à éviter les fraudes sans nuire à la facilité des transactions.

Droits du porteur du warrant. — Le porteur du warrant a le droit de faire vendre les marchandises à défaut de paiement dans les formes et après les formalités déterminées dans l'article 10. « A défaut de payement à l'échéance et après avis préalable transmis par lettre recommandée à l'emprunteur, pour laquelle un avis de réception doit être demandé, le porteur du warrant, huit jours après l'avertissement et sans aucune formalité de justice, mais dans les formes de publicité prévues par les articles 617 et suivants du Code de procédure, peut faire procéder, par un officier ministériel, à la vente publique aux enchères de la marchandise engagée ».

Ce sont là des formalités très simples et il a paru que la vente aux enchères constituait le meilleur moyen de faire atteindre à la marchandise son prix le plus élevé.

Le porteur du warrant a sur ce prix de vente un privilège qui lui est reconnu par l'article 11. « Le créancier, dit cet article, est payé directement de sa créance sur le prix de vente, par privilège et préférence à tous créanciers, sans autre déduction que celle des contributions directes et des frais de vente et sans autres formalités qu'une ordonnance du Juge de paix ».

Ce privilège vient dans un rang très favorable puisque les seuls privilèges qui passent avant lui sont celui des contributions directes et des frais de vente.

Il n'y avait pas à tenir compte ici du privilège du propriétaire puisque l'emprunt n'a pu être effectué que sur le vu de son autorisation ; mais une objection peut se présenter : supposons un cultivateur qui a warranté sa récolte ; le plus souvent il lui faudra vendre cette récolte warrantée pour la somme emprun-

tée. Il sera donc obligé de demander à son acheteur
de lui avancer l'argent de son warrant. Il ne paraît
pas que cette situation puisse empêcher le fonctionnement du système. En effet, on connaît toujours le
porteur du warrant et il suffit au cultivateur vendant
le produit warranté de prévenir son acheteur qu'une
partie de la vente revient à ce porteur. C'est même en
vue de faciliter cette transaction que le remboursement anticipé a été autorisé.

*Privilège du porteur du warrant sur l'indemnité
d'assurance.* — L'article 4 décide : « le warrant doit
indiquer si le produit warranté est assuré ou non, et
en cas d'assurances le nom et l'adresse de l'assureur.

Les porteurs de warrants ont, sur les indemnités
d'assurances dues en cas de sinistres, les mêmes
droits et privilèges que sur la marchandise assurée. »

Une disposition semblable était contenue dans l'article 10 de la loi de 1858, mais elle était nécessaire
pour donner aux porteurs de warrants une garantie
contre le préjudice résultant de la perte accidentelle
des marchandises et pour subroger aux marchandises
l'indemnité d'assurances. Aujourd'hui l'article 4 est
inutile puisque en droit commun, d'après l'article 2
de la loi du 19 février 1889, les indemnités dues par
suite d'assurances contre l'incendie.... sont attribuées
sans qu'il y ait besoin de délégation expresse aux
créanciers privilégiés et hypothécaires suivant leur
rang.

Kirch   6

Dans le premier projet de loi remis à la Chambre des députés on avait tout d'abord songé à créer l'assurance obligatoire des produits warrantés ; mais en présence des divergences d'opinions sur cette question, le Gouvernement y a renoncé. Le porteur du warrant pourra d'ailleurs conclure lui-même une assurance à son profit sur les marchandises jusqu'à concurrence du montant de sa créance, si le propriétaire n'a pas conclu d'assurance, parfois même quand il en a conclu une si cette assurance est insuffisante ou entachée de quelque cause de nullité.

Recours contre les endosseurs. — Quand le prix de la marchandise n'est pas suffisant pour désintéresser le porteur du warrant soit que les marchandises se détèriorent soit que les cours subissent une baisse imprévue soit que des créances préférables au warrant absorbent une forte part du prix des marchandises, le porteur de warrant après avoir exercé ses droits sur les produits warrantés a un recours contre le propriétaire des marchandises et contre les endosseurs successifs du warrant.

C'est ce que décide l'article 12 ainsi conçu : « Le porteur du warrant perd son recours contre les endosseurs, s'il n'a pas fait procéder à la vente dans le mois qui suit la date de l'avertissement. Il n'a de recours contre l'emprunteur et les endosseurs qu'après avoir exercé ses droits sur les produits warrantés. En cas d'insuffisance, le délai d'un mois lui est imparti, à dater du jour où la vente de la marchandise est réalisée, pour exercer son recours contre les endosseurs. »

Cette disposition qui oblige le porteur du warrant à exercer préalablement ses droits sur les produits warrantés est analogue à celle de l'article 2109 C. C. d'après lequel « le créancier ne peut poursuivre la vente des immeubles qui ne lui sont pas hypothéqués que dans le cas d'insuffisance des biens qui lui sont hypothéqués. » Pour nous qui considérons le droit conféré au porteur du warrant comme une sorte d'hypothèque mobilière, il n'y a là qu'une application des principes généraux, tandis que ceux qui le considèrent comme un droit de gage trouvent dans l'article 12 une dérogation au principe d'après lequel le créancier gagiste peut à son gré faire vendre d'abord le gage ou les autres biens de son débiteur.

Le délai imparti au porteur de warrant pour exercer son recours contre les endosseurs est de un mois, mais contre l'emprunteur il n'y a pas de limite fixée.

En vue de faciliter le fonctionnement de la présente loi l'article 14 a attribué le jugement du référé au juge de paix.

C'est là une innovation hardie, mais on a voulu par ce moyen simplifier la procédure et réduire pour l'agriculteur les frais que nécessiterait son déplacement pour se rendre devant le tribunal civil.

D'après l'article 17, la nouvelle loi est applicable à l'Algérie où nos colons ont grand besoin de trouver du crédit pour mettre ce pays en valeur et le rendre prospère (1).

Telle qu'elle est actuellement et sans nous arrêter sur les avantages que l'agriculture retirerait de l'extension du principe qu'elle pose, la loi du 18 juillet 1898 nous paraît de nature à permettre aux agriculteurs de trouver du crédit lorsque les circonstances les con'raindront à y faire appel, soit pour se procurer les fonds nécessaires à la bonne marche de leur exploitation, soit pour attendre le moment le plus propice pour la vente de leurs produits et n'être plus à la merci des spéculateurs qui les sachant obligés de vendre leur offraient des prix dérisoires de produits que quelques mois plus tard ils revendaient avec un bénéfice considérable.

MM. E. Delaunay et Brindeau, dans l'exposé des motifs de leur proposition de loi citent quelques chiffres très significatifs : « Nous avons voulu disent-ils chiffrer cette baisse périodique du produit le plus courant sur nos marchés, le blé, et en faisant la moyenne des cours du blé de commerce de première qualité, au marché libre de Paris pendant 5 années de 1891 à 1895, nous avons trouvé 22 fr. 08 par cent

____

(1) Voir Bulletin bi-mensuel de la Société d'agriculture d'Alger, n° 151-15 avril 1898, p. 135.

kilos, comme prix moyen général, mais les cinq mois de vente de la culture : août, septembre, octobre, novembre et décembre donnent comme prix moyen 21 fr. 26, seulement, alors que le cours moyen des sept autres mois de janvier, février, mars, avril, mai, juin et juillet, période pendant laquelle l'industrie consomme ses réserves, s'élève à 22 fr. 53 : l'écart du prix est de 1 fr. 27 par cent kilos, ce qui constitue une différence de cinq soixante-quinze pour cent

Si le même travail était fait sur les moyennes des marchés intérieurs, la différence serait encore plus grande ; elle serait aussi beaucoup plus sensible sur les avoines, colzas, etc., dont le marché est bien plus étroit que celui du blé ».

Plus loin ils ajoutent : « Le cultivateur pourrait emprunter facilement à un taux ne dépassant pas trois pour cent tous frais compris, ce qui pour conserver 100 kilos de blé pendant quatre mois ne représenterait que vingt centimes de frais environ, alors que pendant les cinq dernières années il a perdu 1 fr. 27 par cent kilos en moyenne en vendant son blé aussitôt la récolte faite ».

Cette loi est donc appelée à niveler les cours, à être le modérateur du marché des denrées agricoles ; grâce à elle l'agriculture pourra vendre ses produits dans les meilleures conditions. Et pourtant malgré les avantages évidents qu'elle présente, elle n'a pas été

sans soulever de très vives critiques (1). On a prétendu que si la loi nouvelle peut être utile au cultivateur, elle risque fort de ne pas l'aider efficacement dès
que le propriétaire est créancier, dès qu'il lui est dû
notamment quelques fermages ou quelques avances.
La gêne dans laquelle le locataire se trouve et l'opposition du propriétaire auront pour conséquence de
forcer le cultivateur à vendre au lieu d'emprunter.

Cette utilité que l'on reconnaît à la loi, dans certaines circonstances, serait-elle même très rare
qu'elle justifierait le vote de nos législateurs. De plus
nous ne croyons pas que le propriétaire créancier de
son fermier s'opposera dans tous les cas à l'emprunt
que ce dernier veut contracter, en donnant en gage
les produits énumérés dans l'article premier. Le propriétaire aura lui-même intérêt à ce que son fermier
emprunte, si c'est un emprunt qui doit être profitable
à l'exploitation, il est en effet avantageux pour lui que
son fermier fasse de bonne culture, car il pourra rentrer plus facilement dans ses avances : ce sera à lui
de discerner si les intentions de son fermier peuvent
être bonnes. Il me semble qu'il faudra de bien sérieuses
raisons pour que le propriétaire oblige son fermier à
vendre au lieu d'emprunter ; ne sont-ce pas en effet
deux co-associés, le bailleur du fonds et celui qui le

(1) V. *Revue politique et p rlementaire*. Revue des questions
agricoles par M. Zolla, n° 52, page 204.

fait valoir, et l'intérêt de l'un n'est-il pas l'intérêt de l'autre ?

Un cultivateur, a-t-on en outre fait remarquer, ne peut emprunter que sur ce qui lui appartient ; or pour les métayers dont le capital d'exploitation est fourni fort souvent tout entier par le propriétaire, le warrantage sera parfaitement impossible.

Observons tout d'abord que la loi présente n'a pas eu pour but de procurer du crédit à celui qui n'avait pas de garantie réelle à offrir. Et cela nous permet de répondre à une crainte que certains auteurs ont manifestée : celle de voir l'agriculteur mésuser du crédit ; l'étendue de son crédit se mesurant à la valeur des garanties mobilières qu'il pourra fournir, il n'y a pas à redouter qu'il emprunte pour étendre son patrimoine et augmenter son capital fixe. Il n'empruntera que pour accroître sa production en augmentant son capital d'exploitation.

La loi n'en restera pas moins fort utile aux propriétaires, aux fermiers et aux métayers qui possèdent un certain capital d'exploitation. Or, en France, sur 3,604,789 chefs d'exploitation, il y a 219,220 propriétaires cultivant leurs terres soit seuls, soit avec l'aide de leur famille ou d'autrui, 1,061,401 fermiers 344,168 métayers (1) : admettons que parmi ces derniers (nous pensons que c'est le minimum) la moitié ne possède

______

(1) V. Statistique agricole décennale 1892, p. 391.

pas de capital d'exploitation il se trouvera donc encore une proportion des 19/20e de la population rurale qui pourra bénéficier des avantages de la loi du 18 juillet 1898.

Certes, le Gouvernement n'oublie pas ceux qui n'ont à offrir comme garantie des prêts qui leur sont faits que leur valeur personnelle, mais c'est une question que nous examinerons plus loin.

On a dit aussi que le débiteur pouvait déménager subrepticement et que le créancier ne saurait où s'adresser pour poursuivre son gage. Outre qu'il est assez difficile de changer de domicile sans que les voisins en soient avertis et sachent où l'on peut se retirer, il n'y aurait pas grande difficulté à contraindre le débiteur à faire une déclaration de changement de domicile au Juge de paix, qui, lui, aurait la charge de faire inscrire le warrant sur le registre du Juge de paix du nouveau domicile et à inscrire en marge de son livre le lieu du nouveau domicile de l'emprunteur. En cas de fraude de la part de l'emprunteur, il y aurait lieu à l'application de l'article 13 de la loi nouvelle.

Nous estimons en résumé que la loi du 18 juillet 1898 est appelée à rendre aux agriculteurs les plus grands services lorsqu'on leur en aura fait apercevoir les avantages. Mais c'est une éducation qui est à faire. La loi nouvelle réalise, en effet, cette idée formulée après l'enquête de 1866. « Mettre aux mains

de l'agriculteur les moyens d'acheter en temps op-
portun et au meilleur marché possible, les outils, les
bestiaux et les engrais, de pratiquer sur la terre qu'il
cultive des travaux d'amélioration, de choisir le meilleur moment pour l'écoulement de ses produits ». La
conséquence en sera, comme le prévoyait la Commission, de contribuer non seulement au bien-être de
l'agriculture et de conjurer sa ruine, mais aussi
d'atténuer l'effet des grandes calamités publiques et
d'alimenter les sources de la prospérité du pays.

CHAPITRE V

Réformes proposées à la législation civile

Ainsi restriction du privilège du bailleur d'immeubles, attribution des indemnités dues par les compagnies d'assurances et création des warrants agricoles, telles sont les réformes votées pour permettre le fonctionnement des institutions de crédit et faire droit aux justes et raisonnables récriminations de nos agriculteurs.

Mais ce ne sont pas là les seules modifications que l'on a voulu apporter à notre législation civile. On a en effet proposé :

1° La création d'un privilège pour les marchands ou vendeurs d'engrais et d'amendements.

2° La révision des articles 520, 521, 522 et 524 du Code Civil en vue de rendre la qualité de meubles aux objets mobiliers qu'ils énumèrent.

3° La modification des articles 481, 1429, 1430 du Code Civil, qui permettrait de faire des baux d'une longue durée.

4° Enfin la révision des articles de 1810 à 1831 relatifs au contrat de cheptel.

SECTION I. — Extension ou privilège de l'article 2102
aux fournisseurs d'engrais et d'amendements.

Dans l'énumération des créances privilégiées sur
certains meubles le Code Civil décide dans l'article
2102 § 4 : les sommes dues pour les semences ou pour
les frais de récoltes de l'année sont payées sur le prix
de la récolte ». Ainsi la récolte sert de gage au remboursement des créances ayant concouru à sa production. A diverses reprises le législateur a été solli-
cité de créer de même un privilège spécial au profit
du vendeur d'engrais et d'amendements qui s'ils ne
ne produisent la récolte en accroissent du moins les
fruits (1).

Ils fournissent, a-t-on dit, à la terre les matières
fécondantes qui l'empêchent de s'épuiser promptc-
ment et la maintiennent en état de fertilité.

Il y a quelques années guidée par cette idée la jurisprudence interprétant largement l'article 2102 a
étendu aux sommes dues pour engrais le privilège
établi pour le recouvrement du prix des semences (1) ;

(1) Conclusion de la Commission de 1866. Rapport Josseau,
v. note sur le crédit agricole, *op. cit.*, p. 16.

(1) V. arrêt de la Cour de Caen 18 juin 1837. Duguey contre
de Saint-Crécy-Duranton, t. XIX, n° 9. Dalloz Rép. V. *Privilège*, n° 294.

mais l'énumération des privilèges étant limitative elle
est vite revenue à une interprétation plus stricte de la
loi. Nous ne croyons pas que l'agriculteur ait chance
de voir son crédit s'accroître par la création d'un nouveau privilège au profit des vendeurs d'engrais et
d'amendements.

Incontestablement le cultivateur trouverait plus facilement des marchands d'engrais qui consentiraient
à lui vendre leurs produits à crédit si le recouvrement
de leur créance était garanti par un privilège, mais de
nombreuses difficultés surgiraient pour savoir sur
quels objets ce privilège s'exercerait et dans quel ordre, si par exemple il primerait le privilège du propriétaire comme celui établi pour les sommes dues à
raison des semences et pour les frais de la récolte.
S'il en était ainsi le bailleur accorderait moins facilement de crédit à son fermier et exigerait peut-être de
lui comme cela se pratique en Italie le paiement anticipé des fermages ; ce privilège serait donc plus nui-
sibl qu'utile au fermier. Et cela est vrai pour presque
tous les privilèges qui grèvent certains objets mobiliers ; leur multiplication fait disparaître la confiance ;
or il ne faut pas oublier que le crédit est une question de confiance et que cette dernière est proportionnelle à l'importance des ressources dont paraît disposer le débiteur.

En les grevant d'un privilège on diminue ces ressources et par suite la confiance. L'actif mobilier d'un

agriculteur contribue pour beaucoup à lui faire obtenir le crédit, mais c'est à la condition de rester le gage commun de tous les créanciers. Si l'on veut utiliser au point de vue du crédit les ressources importantes que présente le mobilier agricole, il faut bien se garder d'autoriser la constitution de privilèges exceptionnels sur ce mobilier comme le disait M. Gide, les privilèges généraux sur les meubles établis par la loi, c'est-à-dire forcés, sont la ruine du crédit comme les hypothèques judiciaires et légales. Ce qu'il faut, c'est s'attacher à les restreindre en facilitant en retour 'es conventions d'hypothèques et de privilèges conventionnels ; c'est ce qu'a fait le Code civil italien de 1866 (1). Sans réclamer la disparition immédiate de tous les privilèges généraux sur les meubles puisque précédemment nous cherchions à justifier le maintien du privilège bailleur d'immeubles réduit à des limites raisonnables, d'autres raisons nous font penser que ce ne serait pas un progrès de voter la réforme réclamée, tandis que le privilège du marchand de semences ne garantit que des sommes minimes, le privilège du marchand d'engrais et d'amendements serait de nature à garantir le remboursement d'avances parfois considérables.

Il pourrait d'autre part donner lieu à de nombreuses et importantes fraudes, par suite d'une entente entre

(1) V. Paul Gide, *de la Législation civile dans le nouveau royaume d'Italie.*

le fermier et le vendeur d'engrais et d'amendements, fraudes qui ne sont guère possibles avec le bailleur d'immeubles.

Cette objection relative à l'étendue possible du privilège du vendeur d'engrais et d'amendements, n'a pas échappé à un grand nombre de ceux qui réclamaient sa création ; aussi ont-ils cherché à établir une distinction entre les engrais et les amendements. Les engrais, disent-ils, restituent au sol les éléments de fertilisation que la récolte lui a enlevés et ont une action directe sur la récolte. Les amendements modifient la composition du sol et leur influence s'exerce durant plusieurs années. On admettrait la création d'un privilège pour le vendeur d'engrais et non pour le vendeur d'amendements. La distinction nous paraît bien subtile, l'amendement aussi bien que l'engrais a une influence sur la récolte dès la première année et il y aurait une sérieuse difficulté d'établir une délimitation entre l'engrais et l'amendement.

Pour ces diverses raisons nous pensons que point n'est besoin d'une modification légale et de la création d'un nouveau privilège.

SECTION II. — Modification des Articles 520, 521, 522, 524 du Code civil

L'on demande aussi de réviser les articles 520, 521,

522 et 524 du Code civil en vue de rendre la qualité de meubles aux objets mobiliers que le Code a rangés dans la catégorie des immeubles en raison de leur nature ou de leur destination.

Les articles 520 et 521 sont ainsi conçus :

Art. 520. — Les récoltes pendantes par les racines et les fruits des arbres non encore recueillis sont pareillement immeubles.

Dès que les grains sont coupés et les fruits détachés quoique non enlevés, ils sont meubles.

Si une partie seulement de la récolte est coupée. cette partie seule est meuble.

Art. 521. — Les coupes ordinaires des bois taillis ou de futaies mises en coupes réglées ne deviennent meubles qu'au fur et à mesure que les arbres sont abattus.

Le législateur de 1804 a innové lorsqu'il a déclaré que ces produits sont immeubles par nature parce qu'ils n'existent que par le sol qui les nourrit et dont ils font partie intégrante En effet autrefois, comme le dit Pothier (1), dans certaines parties de la France et particulièrement dans les provinces du Nord, les grains en vert, les foins et les raisins étaient considérés comme meubles dès avant leur séparation d'avec le sol et même aussi avant leur maturité accomplie lorsqu'ils approchaient de cette maturité,

______

(1) V. Pothier. Des Choses, part. II, § 1.

c'est-à-dire à une certaine époque fixée différemment par les coutumes pour chaque espèce de fruits. De même, dans quelques provinces certains bois étaient déclarés meubles avant même d'être abattus, tels par exemple : les bois de la forêt d'Orléans que la coutume réputait maubles aussitôt que la coupe avait été adjugée.

Quelques auteurs ont pensé que si l'on revenait aux errements suivis dans l'ancien droit et si l'on déclarait meubles ces objets, leur propriétaire aurait un moyen efficace de se procurer du crédit en les faisant servir comme garantie du prêt qu'il effectuerait.

Nous ne croyons pas que cette modification soit nécessaire pour cela. En effet, ces biens immeubles par leur nature peuvent être sous certains rapports et à l'égard de certaines personnes considérés comme des biens meubles.

Ainsi dans la saisie brandon on peut saisir comme objets mobiliers et indépendamment du fonds les fruits encore pendants par racines dans les six semaines qui précèdent l'époque de leur maturité (a. 626 et s. C. P.). Régulièrement les fruits pendants par branches et par racines étant immeubles comme le sol auquel ils adhèrent ne devraient pas pouvoir être saisis séparément du sol même, mais l'art. 626 C. P. a dérogé à ce principe pour éviter au débiteur les frais de la saisie immobilière et au créancier les difficultés de cette expropriation.

De même un bien immeuble par nature devient meuble lorsqu'on l'envisage non dans son état présent, dans son incorporation avec le sol mais dans l'état futur et dans l'individualité distincte que lui donnera la séparation qui doit l'en détacher, quand l'on considère par exemple une forêt comme devant être abattue et que l'on y voit non des arbres mais du bois.

C'est aussi pour cette raison que les fruits pendants sont regardés comme meubles à l'égard du fermier qui loue ce fonds, de même que sont vendus comme meubles les blés en vert dont la vente est autorisée par la loi du 9 juillet 1889 art. 14 modifiant la loi du 6 messidor an III, tombée depuis longtemps en désuétude, car on considère ces produits non comme un accessoire du fonds mais comme une chose principale et distincte de l'immeuble.

Par l'effet de la vente ces objets reçoivent une sorte de mobilisation fictive et anticipée ; un contrat de gage sans dessaisissement pourrait de même leur donner cette mobilisation sans qu'il soit nécessaire de modifier les articles 520 et 521, l'on respecterait naturellement les droits, par exemple d'hypothèque, que les tiers pourraient avoir antérieurement acquis sur l'immeuble et sur les fruits considérés comme accessoires.

Il nous semble au contraire utile pour une bonne organisation du crédit réel mobilier de mobiliser les

Kirch   7

êtres et les objets que les articles 522 et 524 déclarent immeubles par destination. Ces articles disposent :

Art. 522. — Les animaux que le propriétaire du fonds livre au fermier ou au métayer pour la culture, estimés ou non, sont censés immeubles tant qu'ils demeurent attachés au fonds par l'effet de la convention.

Ceux qu'il donne à cheptel à d'autres qu'au fermier ou métayer sont meubles.

Art. 524. — Les objets que le propriétaire d'un fonds y a placés pour le service et l'exploitation de ce fonds, sont immeubles par destination.

Ainsi, sont immeubles par destination, quand ils ont été placés par le propriétaire pour le service et l'exploitation du fonds :

Les animaux attachés à la culture ;

Les ustensiles aratoires ;

Les semences données aux fermiers ou colons partiaires ;

Les pigeons des colombiers ;

Les lapins des garennes ; les ruches à miel ; les poissons des étangs :

Les pressoirs, chaudières, alambics, cuves et tonnes ;

Les ustensiles nécessaires à l'exploitation des forges, papeteries et autres usines ;

Les pailles et engrais.

Sont aussi immeubles par destination tous effets

mobiliers que le propriétaire a attachés au fonds à perpétuelle demeure.

On fait valoir que si l'on modifie les articles 522 et 524 on séparera dans bien des cas ce qui doit rester uni, ainsi la terre ira au légataire des immeubles tandis que les bestiaux et les ustensiles qui servaient à la faire valoir appartiendront aux légataires des meubles.

C'est d'ailleurs l'intérêt de la culture qui a fait déclarer l'immobilisation des objets dont il s'agit comme elle les a soustraits de la saisie-exécution car si les immeubles venaient à être dégarnis de leur matériel agricole ils ne pourraient plus remplir leur fonction « La loi dit Boitard, ne veut pas qu'une saisie-exécution en vienne empêcher la récolte de se produire et l'usine de marcher ».

Cette raison n'est pas sans valeur, mais un arrangement est toujours possible dans les partages et si l'accord ne peut s'établir le propriétaire du fonds se procurera facilement le matériel nécessaire à son exploitation. On ne peut donc pas dire que la production agricole souffrira d'un changement apporté à cette disposition législative, elle y trouvera au contraire de nombreux avantages qui feront oublier les inconvénients signalés.

L'immobilisation ne se produit d'ailleurs, que : 1º pour les animaux que le propriétaire du fonds livre au fermier ou au métayer pour la culture et : 2º pour les objets que le propriétaire d'un fonds qu'il cultive lui-même place pour le service et l'exploitation de ce fonds.

Les animaux et ustensiles aratoires placés par le fermier sur le domaine affermé et appartenant au fermier sont meubles et peuvent être l'objet d'une saisie-mobilière. Voici donc une grande partie de la fortune mobilière de l'agriculture qui depuis de longues années a été saisissable sans qu'il ait paru de l'intérêt de l'agriculture de la déclarer insaisissable. Ce ne peut donc être la justification de la disposition des articles 522 et 524.

Nous ne nierons pas que le propriétaire qui a loué son bien avec des accessoires mobiliers ne profitera que fort peu de ce changement car aux termes de l'article 1719 Code civil il est tenu de faire jouir paisiblement le preneur de la chose louée pendant toute la durée du bail, et ce serait compromettre cette jouissance paisible que de lui permettre de donner en gage sans dessaisissement ces mêmes objets qui pourraient avant la fin du bail être saisis et vendus, il pourra toutefois se réserver le droit d'en disposer, mais il est incontestable que les propriétaires faisant valoir eux-mêmes et les fermiers qui constituent les 70 p. 0/0 de la population agricole y trouveront le plus grand avantage car rien ne s'opposera plus à ce qu'on autorise le gage sans déplacement des objets énumérés dans les articles 522 et 524.

C'est en effet la crainte de porter atteinte au principe juridique posé dans les articles envisagés qui a déterminé l'ajournement des propositions de lois tendant à permettre aux agriculteurs de donner en gage sans qu'ils soient obligés de s'en dessaisir leurs bestiaux et les objets mobiliers qui garnissent leur ferme. Or comme nous le verrons ces objets constituent à notre époque par suite du développement du machinisme un capital parfois considérable qui reste immobilisé entre les mains de l'agriculteur alors qu'il serait si facile de le faire servir au développement de son crédit, tandis que lors du vote de l'art. 524 qui constituait une innovation dans notre droit, le matériel d'une exploitation agricole n'avait que peu de valeur.

Certes nous reconnaissons bien volontiers que la modification des articles 522 et 524 du Code Civil réclamée par nombre d'économistes et par les agriculteurs ne serait pas nécessaire avec une meilleure organisation de notre régime hypothécaire et une diminution des frais que nécessite la constitution d'une hypothèque, les frais de poursuites et de réalisation du gage immobilier (1). Mais c'est là une question qui prête à trop de divergences d'opinions et l'on en peut espérer la réalisation avant un laps de

(1) En ce sens V. propositions de loi Guillemet. off. 1890. Chambres annexes 862 et 1510. V. Travaux de la commission extra-parlementaire du cadastre.

temps assez long tandis que l'on serait plus certain de grouper une majorité sur la modification des art. 522 et 524.

SECTION III. — RÉVISION DES ARTICLES 481, 1429, 1430.

Des vœux ont été aussi formulés en vue de faire modifier certains articles du Code civil qui portent une entrave aux baux à longue durée, tels les articles 481, 1429, 1480. Ces articles sont ainsi conçus :

Art. 481 « Le mineur émancipé passera les baux dont la durée n'excèdera point neuf années. »

Art. 1429 « Les baux que le mari seul a faits des biens de sa femme pour un temps qui excède neuf ans ne sont en cas de dissolution de la communauté obligatoires vis-à-vis de la femme ou de ses héritiers que pour le temps qui reste à courir, soit de la première période de neuf ans si les parties s'y trouvent encore, soit de la seconde et ainsi de suite, de manière que le fermier n'ait que le droit d'achever la jouissance de la période de neuf ans où il se trouve. »

Art. 1430 « Les baux de neuf ans ou au dessous que le mari seul a passés ou renouvelés des biens de sa femme plus de trois ans avant l'expiration du bail courant, s'il s'agit de biens ruraux et plus de deux ans avant les mêmes époques s'il s'agit de maisons sont sans effet à moins que leur exécution n'ait commencé avant la dissolution de la communauté. »

Il est assurément de l'intérêt de l'agriculture de voir les baux à longue durée se multiplier ; grâce à eux, en effet, le fermier s'attache au sol sur lequel il sait qu'il passera une grande partie de son existence, il a tout avantage à bien fumer ses champs et à disposer l'assolement de manière à obtenir une plus grande production ; tandis que s'il n'a qu'un bail assez bref, il use la terre, l'épuise en cherchant à lui faire produire le plus possible tout en ne lui donnant aucun réconfort.

Le fermier qui a fait un court bail peut en outre avoir la crainte de subir une augmentation de loyer si le propriétaire estime que la ferme a acquis une plus-value, aussi le locataire s'abstient-il en général de faire des améliorations importantes au détriment de la production nationale. Pour remédier à cet état de choses très fâcheux, il serait utile d'avoir une loi comme celle votée par le Parlement anglais en 1883 qui oblige le propriétaire à rembourser à la fin du bail les améliorations non épuisées : construction des bâtiments, établissement des herbages, des prés irrigués, des vergers, houblonnières et jardins, le défrichement des terrains vagues, les colmatages, drainages, marnages et chaulages, emploi des phosphates et de toutes espèces d'engrais achetés au dehors (1).

Ces raisons toutefois ne nous semblent pas suffisantes pour amener la modification des dispositions précitées qui empêchent les mineurs, les interdits et les femmes mariées de se trouver dépouillés par avance et pour toute leur vie de l'administration de leur fortune.

D'ailleurs, la durée pendant laquelle ces baux sont opposables aux incapables nous paraît suffisante pour sauvegarder l'intérêt général de l'agriculture.

SECTION IV. — Révision des articles 1810, 1811, 1819, 1832

Enfin, dès 1866, la Commission du Crédit agricole présentait, par l'intermédiaire de M. Josseau, au Ministre de l'agriculture diverses propositions en vue de modifier les articles 1810, 1811, 1819, 1832, qui s'occupent du bail à Cheptel (2) ou bail à bestiaux.

Le bail à Cheptel, dit l'article 1800, est un contrat par lequel l'une des parties donne à l'autre un fonds

(1) Voir Rapport de M. A. Paisant sur les plus-values en fin de bail. Congrès international d'agriculture, p. 234. Masson, Paris, 1889.

(2) Ce nom de Cheptel vient de Captale ou capitale qui, au moyen-àge, désignait toutes sortes de meubles et particulièrement le gros et le menu bétail.

de bétail pour le garder, le nourrir et le soigner sous les conditions convenues entre elles.

La liberté des conventions, tel est le principe posé dans l'article 1800 comme devant dominer ce contrat, mais presque aussitôt, nous trouvons des restrictions à cette liberté. Nous voyons le législateur substituer sa volonté à celle des co-contractants.

Tout d'abord l'article 1810 renferme une disposition illogique et dangereuse, il décide : « Si le cheptel périt en entier sans la faute du preneur, la perte en est pour le bailleur ; s'il n'en périt qu'une partie, la perte est supportée en commun d'après le prix de l'estimation originaire et celui de l'estimation à l'expiration du Cheptel ».

Logiquement le cheptel simple étant un contrat de louage, on devrait décider que le preneur est libéré quand on a aucune faute à lui reprocher, puisque le troupeau est la propriété du bailleur, toute perte devrait être à sa charge « *res perit domino* », alors que le preneur auquel on n'a rien à reprocher devrait être exonéré de toute contribution à la perte du troupeau.

L'article 1810 encourage véritablement le cheptelier à laisser perdre tout son troupeau pour que le bailleur seul supporte la perte et maintes fois, l'on a cité l'exemple de ces chepteliers qui lors d'une crue de la Loire noyèrent eux-mêmes les quelques bestiaux qui avaient réussi à échapper aux eaux.

Il serait utile de rappeler aux parties qu'elles peuvent déroger à la règle posée par des stipulations contraires. On pourrait faire précéder l'article des mots « sauf stipulations contraires ».

Mais ce qui est plus grave, tandis que dans le cheptel de fer toutes les conventions sont permises, les articles 1811, 1819 et 1832 limitent celles que peuvent faire le cheptelier simple et le colon partiaire à qui un cheptel a été donné. Le législateur imbu de cette idée que le preneur à cheptel est pauvre, ignorant et le plus souvent incapable de se défendre a voulu le protéger contre les prétentions exagérées que pourrait avoir le bailleur, et a interdit certaines stipulations dont l'exécution lui paraissait de nature à porter préjudice au cheptelier.

L'article 1811 interdit de stipuler « que le preneur supportera la perte totale du cheptel, quoiqu'arrivée par cas fortuit et sans sa faute, ou qu'il supportera, dans la perte, une part plus grande que dans le profit, ou que le bailleur prélèvera à la fin du bail quelque chose de plus que le cheptel qu'il a fourni. Toute convention semblable est nulle ».

Il y a là dans le cheptel simple, contrat principal, une grave atteinte à la liberté des parties contractantes et que ne saurait justifier le désir de protéger le cheptelier à qui par là même on enlève le moyen d'une forme de crédit ; il devient par suite impossible au cultivateur d'emprunter du mobilier en stipulant avec le bailleur de cheptel des conditions d'intérêt ou de remboursement autres que celles établies par la loi.

Pourquoi le traiter comme un incapable? Qu'on lui laisse donc son libre arbitre, il saura bien ne pas conclure un contrat trop désavantageux et la loi n'a que faire à se substituer ainsi à lui.

De même à quoi tend la disposition de l'article 1819 d'après laquelle « le preneur profite seul, comme dans le cheptel simple, des laitages, du fumier et des travaux des bêtes. Le bailleur n'a droit qu'à la moitié des laines et du croit? »

Mais si l'intervention du législateur ne peut s'expliquer par l'inexpérience du preneur lorsqu'il surgit d'un cheptelier ordinaire ; elle s'explique encore moins lorsqu'il s'agit d'un cheptel donné au colon partiaire ; pourtant l'article 1828 interdit à ce dernier de prendre à sa charge la perte tout entière du troupeau qui lui est confié.

Les rédacteurs du Code ont, dit-on, considéré qu'une pareille clause pourrait être ruineuse pour le métayer qui l'accepterait d'autant plus facilement qu'elle se réfère à une éventualité incertaine et lointaine, et pour qu'il ne fût pas tenté d'y souscrire, ils l'ont interdite.

Cette protection exagérée n'a d'autre effet que d'éloigner le capital d'un mode de placement profitable à la production agricole. Il serait préférable de laisser aux combinaisons particulières la liberté de se produire dans les conditions variables que comporte la diversité des situations et des localités. Il n'y a aucun abus à craindre de la part du petit cultivateur qui ne peut que gagner à la latitude qui sera laissée aux conventions des parties.

Une complète liberté donnée aux parties contractantes pour le débat et le règlement de leurs intérêts serait à coup sûr le meilleur moyen de servir l'agriculture.

La loi oblige à un partage trop inégal pour rendre possible l'association de l'agriculteur et du capitaliste; la laine, le lait, le fumier appartiennent au preneur, seul le **croît** est partagé.

Comment un capitaliste à qui on demanderait une avance de fonds pour l'achat de bêtes bovines, pourrait-il admettre que le fumier, le lait appartiendront entièrement au cultivateur et qu'il partagera seulement le croît? La vitalité du veau par excellence est trop incertaine.

En sens inverse un agriculteur ne cherchera jamais à emprunter pour élever des porcs. Il est en effet obligé de partager le croît qui constitue tout le bénéfice avec le bailleur qui ne supporte aucune des charges d'entretien et de nourriture.

Et pourtant le cheptel largement pourvu ainsi qu'il est d'usage en Angleterre, par exemple, fournit toujours à la terre une amélioration aussi réelle que les capitaux ; c'est pourquoi en 1848, M. Touret, ministre de l'agriculture, dans l'exposé des motifs d'un projet de loi sur le crédit agricole, estimait que la disette des capitaux est un grand obstacle au développement de l'industrie agricole en bornant surtout les cheptels.

Il y a une anomalie étrange entre les dispositions de la loi et le but qu'elle s'est proposée : de développer le crédit à l'agriculture sous forme de cheptels ; c'est là une réforme qui s'impose et ne saurait tarder à se faire.

DEUXIÈME PARTIE

CHAPITRE PREMIER

Crédit personnel

Si le capitaliste doit naturellement tenir compte des sûretés réelles offertes par l'agriculteur qui sollicite le Crédit, il lui convient surtout de prendre en considération l'honnêteté, l'amour du travail et les aptitudes de son emprunteur ; ces qualités constituent une garantie morale de solvabilité qui, à notre avis n'est pas inférieure aux garanties matérielles.

L'agriculteur présentant des garanties morales devrait être à même de se procurer facilement et à de bonnes conditions les sommes dont il a besoin pour son exploitation chez son propriétaire, chez ses voisins, chez ses amis et chez les notaires.

Nous n'ignorons pas que l'agriculteur jouit dans une certaine mesure de ce crédit, qu'il ne paie ses domestiques que par acomptes ou à la fin de l'année ; que le marchand d'engrais lui laisse en général un laps de temps de trois mois pour acquitter ses paiements, parfois même un an ; que le plus souvent, le propriétaire lui laisse faire le paiement de ses fermages en deux fois, la première après la récolte, la deuxième six mois après. Mais, si par suite de circonstances exceptionnelles, l'agriculteur est contraint de recourir à l'emprunt et qu'il n'ait plus de sûretés réelles à offrir, il trouve difficilement des capitaux ; les trouve-t-il c'est à un taux plus élevé que celui que paie le commerçant ou l'industriel des villes, car il est difficile à un capitaliste éloigné du pays où l'argent est nécessaire, de se rendre un compte exact des qualités personnelles de l'emprunteur, de son esprit d'économie, de connaître ses profits possibles et d'apercevoir les chances de remboursement ; en outre, le prêteur n'est pas certain de rentrer dans ses fonds avec la même facilité que s'il prêtait à un commerçant ou à un industriel, aussi a-t-on proposé pour augmenter la confiance qu'inspire l'agricuteur de commercialiser ses engagements.

Il y a encore un autre moyen d'augmenter la confiance que le prêteur doit avoir dans son emprunteur ; c'est d'obtenir le cautionnement ou l'engagement solidaire des gens qui vivent à ses côtés, qui peuvent apprécier son honorabilité et qui ont sur sa solvabilité des renseignements précis.

Il y a là une sorte de division du Crédit personnel :
le Crédit personnel individuel et Crédit personnel collectif. Nous allons étudier successivement ces deux
points.

*Extension de la juridiction commerciale aux effets
à ordre souscrits par des agriculteurs.*

Le Gouvernement pensait que pour développer le
crédit agricole mobilier, il ne suffisait pas de restreindre le privilège du bailleur et de faciliter le gage mais
qu'il était nécessaire de mettre au point de vue du
crédit l'agriculture dans les mêmes conditions que le
commerce et l'industrie et de simplifier les poursuites
lorsque l'agriculteur n'exécuterait pas ses engagements ; aussi en 1883, le projet de loi qu'il déposa sur
l'organisation du crédit agricole disposait-il dans
l'article 3 « Tout billet à ordre qu'il soit souscrit par
des commerçants ou non commerçants pour affaires
commerciales sera réputé acte de commerce et les
tribunaux de commerce connaîtront de toutes les
actions en paiement contre les signataires de ces
billets.

Toutefois, la souscription d'un billet à ordre ne
suffit pas pour rendre applicables les dispositions du
livre III du code de commerce (faillite). »

Kirch   8

Avec ces dispositions la compétence des tribunaux de commerce aurait pris une grande extension ; en fait elle aurait embrassé tous les engagements souscrits par les agriculteurs.

La Commission a pensé qu'il valait mieux la borner à certains engagements déterminés dont la formule impliquerait consentement à l'attribution de la juridiction commerciale, mais que d'autre part, il convenait de faire disparaître l'exception d'incompétence contenue dans le dernier alinéa, qui serait la cause de fréquents procès pour déterminer le caractère de l'affaire et savoir si elle a pour cause une opération agricole. Elle préféra déclarer que tout billet à ordre souscrit par un agriculteur comme par toute autre personne commerçante ou non serait réputé acte de commerce. On ne proposait pas d'imposer aux agriculteurs l'obligation d'user du Crédit commercial, mais simplement de la faculté de commercialiser leurs engagements pris dans certaines conditions déterminées. Ce projet de loi fut écarté ; repris en 1887, il eut le même sort.

On craignit de priver l'agriculteur des garanties que la juridiction civile assure à ses justiciables et de le soumettre à la juridiction commerciale avec sa procédure sommaire et expéditive ; on fit valoir que l'assimilation du commerçant et de l'agriculteur était contraire à la nature des choses. Le commerçant, dit-on, peut toujours en cas de besoin se procurer de l'argent pour la vente de ses marchandises ou par leur engagement.

L'agriculteur au contraire, ne récolte qu'une fois par an, il ne lui est donc pas possible de prendre des engagements à court terme, dans les conditions du droit commercial, c'est-à-dire à quatre-vingt-dix jours, s'il ne dispose que de ressources à longue échéance.

On ajouta qu'il est d'ailleurs reconnu que les agriculteurs n'ont pas le culte de l'échéance, les habitudes de régularité qui sont nécessaires pour jouir du crédit. Or, en matière commerciale le paiement ne doit éprouver aucun retard et il doit être intégral; sinon, le lendemain même de l'échéance, le billet est protesté et le débiteur assigné en justice. Le juge lui-même ne peut accorder de délai de grâce; si le débiteur n'exécute pas son engagement, c'est pour lui la faillite.

Enfin, il serait difficile aux agriculteurs d'obtenir les trois signatures pour qu'un billet à ordre pût entrer régulièrement dans la circulation commerciale, c'est-à-dire fût banquable.

Examinons ces diverses objections :

Au civil que trouvons-nous, en premier lieu : une procédure lente et coûteuse ; en outre en vertu des articles 2021 et 2024 Code civil, les endosseurs ou cautions peuvent exiger que le débiteur principal soit discuté dans ses biens avant de payer eux-mêmes la dette. Le créancier doit donc faire saisir les biens du cultivateur et les faire vendre à la criée, ce qui est pour ce dernier une ruine complète.

Enfin, les frais de la procédure civile très élevés augmentent encore la dette. Au contraire la juridiction commerciale a une procédure expéditive qui justifie précisément sa raison d'exister. C'est vraiment celle qui conviendrait à l'agriculture en même temps qu'elle lui offrirait le grand avantage d'être plus économique, car qui sait quand sera votée la diminution des frais de procédure devant les tribunaux civils réclamée depuis si longtemps ?

La preuve est aussi plus facile devant le tribunal de commerce ; on y admet la preuve par témoins comme par écrit et la solidarité y existe de plein droit à l'encontre de tous les souscripteurs ou endosseurs d'effets de commerce. Le créancier, après avoir obtenu un jugement, choisit son débiteur et se fait payer par lui ; celui-ci s'adresse à son tour à l'un des endosseurs qui le précède et le billet revient ainsi entre les mains du premier endosseur, c'est-à-dire, du fournisseur. L'acheteur peut alors demander un atermoiement et proposer un arrangement qui a chance d'être accordé, surtout s'il verse un acompte, parce que le fournisseur désintéressé alors en partie peut espérer le solde complet de sa créance. Le cultivateur échapperait donc à la ruine qui le menace au civil.

C'est d'ailleurs une grave erreur qui a été commise

plusieurs fois, que celle qui consiste à croire que par suite de la souscription d'un billet à ordre qui constitue un acte commercial, une personne serait considérée comme commerçante.

Actuellement, il se produit ce fait que l'agriculteur qui signe un billet à ordre ne connait pas la nature du tribunal qui connaitre de l'acte qu'il vient d'accomplir. Le billet relèvera de la compétence du tribunal de commerce s'il a été plus tard endossé par un commerçant, c'est-à-dire à la suite d'un acte auquel le souscripteur est resté absolument étranger (articles 636-637 du Code de Commerce). Il dépend donc d'un tiers de le soumettre à toutes les règles établies par le Code de Commerce pour le recouvrement des effets de commerce. Il serait pourtant nécessaire qu'il sût à quoi s'en tenir, comme lorsqu'il appose sa signature sur une lettre de change.

Nous ne croyons pas non plus que la nature des opérations faites par l'agriculteur soit telle qu'il soit impossible de les assimiler à celles des commerçants.

Bien au contraire, nombreux sont les actes se rattachant à l'exploitation d'un fonds rural qui sont susceptibles de revêtir un caractère commercial ; nous voyons en effet, qu'un arrêt de la Cour de Cassation du 12 mai 1875 (1) a été nécessaire pour déclarer que

(1) Sirey 1876, 1. p. 376,

l'agriculteur qui vend le sucre provenant de ses betteraves ne fait pas acte de commerce.

La question aurait pu se poser aussi bien pour l'agriculteur qui vend le vin fait avec le produit de ses vignes, le cidre fait avec les fruits de ses vergers, la farine obtenue par la mouture de ses blés. Au contraire, un arrêt de la Cour de Cassation du 20 mai 1878 (1) a déclaré que le pépiniériste qui ne se borne pas à vendre les plants et arbustes venus de ses semis ou greffés par lui, mais qui pour satisfaire aux besoins de sa clientèle achète une partie de ses fournitures doit être considéré comme commerçant. Le tribunal de la Seine, 31 octobre 1884 (2) a eu de même l'occasion de déclarer que celui qui, en dehors de l'exploitation d'un domaine rural entreprendrait l'incubation artificielle des œufs et l'engraissage des volailles fait acte de commerce. Ces diverses espèces, qui ont nécessité l'intervention des tribunaux montrent bien que la délimitation n'est pas très facile à établir entre les actes commerciaux et agricoles. La difficulté est plus considérable encore pour les achats faits par les agriculteurs. Parmi les choses que les agriculteurs achètent habituellement, il y en a qu'ils ne se procurent qu'en vue de les revendre. Or l'article 632 du Code de Commerce répute acte du com-

(1) Sirey 1878, 1, p. 403.
(2) Journal, la Loi du 14 novembre 1884.

merce tout achat de denrées et marchandises pour les revendre, soit en nature, soit après les avoir travaillées et mises en œuvre ou même pour en louer simplement l'usage. La Cour de Cassation admet depuis longtemps que bien que les agriculteurs achètent des animaux pour les engraisser et les revendre, cette opération ne constitue pas un acte de commerce.

De même le cultivateur qui achète des animaux maigres pour les placer dans ses herbages comme bestiaux d'embouche, c'est-à-dire, pour consommer sur place les produits de la ferme, fait une opération civile. Peu importe que ces herbages lui appartiennent ou qu'il les ait seulement loués (Cour de cassation du 7 avril 1869 (1). — Bourges, 9 février 1885) (2).

Ce sont là il me semble des exemples d'actes fréquemment accomplis sur une exploitation rurale et sans lesquels elle ne peut fonctionner. Ils n'ont pas une nature différente des actes de commerce. Ils vont nous servir d'ailleurs à prouver qu'on peut se procurer de l'argent à court terme et à jour fixe.

L'agriculture offre en effet un grand nombre d'opérations qui permettent de recourir au crédit à court terme. Ainsi un agriculteur a des blés qui ont souffert en hiver, ils auraient besoin de recevoir un engrais en couverture ou bien il a à semer des betteraves ou

(1) Sirey, 1869, 1, p. 312.
(2) Sirey, 1885, 2, p. 216.

des céréales de mars (1), il achète donc au printemps des engrais qu'il pourra payer en septembre ou novembre après la vente de sa récolte; de même, bien des paysans achètent en automne une vache maigre qu'ils engraissent l'hiver et revendent au printemps. Nous pourrions multiplier les exemples : achat de raisins pour fabriquer et vendre du vin, achat de lait pour faire et vendre des fromages. Ces opérations permettent à l'agriculteur de renouveler rapidement ses capitaux, il peut en outre souscrire ses billets de manière à faire coïncider leur échéance avec la rentrée des sommes qu'il compte retirer de tel ou tel produit à tel ou tel moment de l'année, car il n'y a pas de mois où il ne touche certains revenus du sol qu'il cultive ou de son exploitation.

Certes la récolte des céréales ne se fait qu'une fois l'an, mais depuis la loi du 18 juillet 1898, l'agriculteur n'est plus obligé de se débarrasser à n'importe quel prix de ses récoltes et il pourra les warranter et se procurer l'argent nécessaire pour faire face à ses engagements ; il pourrait encore davantage trouver du crédit s'il lui était permis d'engager dans les mêmes conditions son matériel d'exploitation et ses récoltes sur pied.

Les raisons que l'on a fait valoir contre la commer-

(1) Voir Labiche. Sénat, séance du 31 janvier 1889. Journal officiel, 1er fév. 1889.

cialisation des effets à ordre souscrits par les agriculteurs ne nous paraissent donc pas péremptoires.
Aussi regrettons-nous que cette disposition n'ait pas
été votée en même temps que la restriction du privilège du bailleur et l'attribution des indemnités dues
par les Compagnies d'assurances. Elle aurait décidé
le capitaliste à confier ses fonds aux agriculteurs, en
effet, comme nous l'avons déjà vu, ce qui le détermine c'est l'assurance de toucher régulièrement ses
intérêts, en même temps que la certitude d'être garanti contre l'insolvabilité de son débiteur et d'obtenir
le remboursement de son capital. Les banques à qui
leurs statuts interdisent l'escompte des billets civils
auraient escompté l'effet souscrit par l'agriculteur
comme tout autre papier commercial, assurées qu'elles
auraient été de rentrer facilement dans leurs fonds.

Une défaveur pèse donc sur les billets émis par les
agriculteurs et cela n'empêche pas que lorsque ceux-
ci souscrivent un billet à ordre, ils subissent tous les
inconvénients de la procédure commerciale, si un commerçant l'endosse Il y a là une anomalie choquante.
D'autre part quand un agriculteur signe un billet
à son créancier pour reconnaître son obligati n, il est
contraint de remplir les formalités prescrites par les
articles 1689 et 1690. S'il a besoin d'argent avant l'é-
chéance et veut vendre sa créance, il devra remettre
le titre à l'acheteur et prévenir en même temps au
moyen d'une signification par huissier, son débiteur

de la vente qu'il vient de faire ; l'acceptation de la cession par le débiteur dans un acte authentique équivaut d'ailleurs à la signification qui lui est faite par le créancier. Par l'effet de la cession, l'acheteur de la créance deviendra le véritable créancier, il acquerra cette créance telle qu'elle se comporte avec tous ses accessoires, caution, hypothèque ou privilège, mais aussi avec tous ses risques ; l'existence de la créance est seule garantie, mais non la solvabilité actuelle ni future du débiteur cédé. Si le débiteur est ou devient insolvable la perte sera donc pour l'acheteur, la procédure de cession des effets de commerce est beaucoup plus simple. l'endossement équivaut à la signification prévue par l'article 1690 du Code de commerce et le débiteur sera tenu le jour de l'échéance de payer, entre les mains de la personne qui lui aura été ainsi désignée par son créancier.

La cession d'un effet de commerce produit en outre des effets différents de la cession d'une créance civile. Ici le vendeur garantit non seulement l'existence, mais encore la solvabilité du débiteur ; il répond du paiement et comme rien n'empêche celui qui a acquis ce billet à ordre de le vendre à son tour, le recouvrement de ce billet se trouve bientôt assuré d'une manière complète. Plus un billet a été endossé de fois et plus il a de chance d'être payé. Le billet à ordre du commerçant de même que la lettre de change circule

comme une véritable monnaie parce qu'il est banquable.

C'est cette situation si favorable au développement
du crédit que le Gouvernement a voulu donner aux
agriculteurs, mais qui malheureusement a été écartée.

La commercialisation des billets à ordre aurait
encore pour effet d'habituer les cultivateurs à exécuter ponctuellement leurs engagements. N'est-ce pas
ce qui se produit à l'étranger ? C'est surtout en Angleterre et en Ecosse que les agriculteurs trouvent le
plus facilement du crédit. Les fermiers en Ecosse
comme en Angleterre sont régis par les mêmes lois
que les commerçants, aussi la condition légale des
cultivateurs étant la même que celle des commerçants
les banquiers ne font aucune difficulté pour leur ouvrir des crédits. Dans ces banques, le mode le plus
pratique est le crédit à découvert sans échéance fixe
(cash accounts, comptes de caisse). La banque qui
peut à son gré rendre exigible le montant de ses crédits, les ferme rarement ; elle les maintient toutes
les fois que les débiteurs paient exactement les intérêts et travaillent à se libérer par petites fractions.

A ce point de vue, du reste les fermiers écossais
peuvent être cités comme des modèles de ponctualité,
car ils satisfont à leurs engagements avec la même
régularité que les commerçants. En Belgique, en
Italie, les agriculteurs sont traités comme des commerçants ; il n'a pas été remarqué que le crédit qui

était accordé présentât plus de risque que celui accordé aux commerçants. Si le papier agricole est quelquefois à plus long terme que le papier commercial, il est d'un recouvrement infiniment plus sûr. Les pertes sur papier agricole sont infiniment plus rares que sur papier commercial. En Suisse le cultivateur comme tout autre individu peut se soumettre à la loi commerciale en se faisant inscrire sur le registre du commerce.

Comme nous l'avons déjà dit, cette modification à la législation n'aurait pas pour effet de faire encourir la faillite aux agriculteurs, comme cela se pratique dans certains pays.

Par exemple : en Angleterre où la loi admet la faillite pour les non commerçants sans aucune distinction, sauf pour les femmes mariées qui ne sont soumises aux lois de la faillite qu'autant qu'elles exercent un commerce séparé et encore ne le sont-elles que pour leurs biens séparés (loi du 18 août 1882) (1). Sans nous étendre sur cette question de savoir s'il conviendrait d'assimiler au point de vue de la faillite les non commerçants et par suite les agriculteurs aux commerçants, (2) on ne peut nier que certaines grandes exploitations rurales affectent tou-

(1) V. Lyon-Caen. Loi anglaise sur la faillite du 25 août 1883.
(2) Sur ce point V. Rapport Laroze Loi du 4 mars 1889 relative aux liquidations judiciaires, 2° Sirey L. Annotées 1889 page 451 note 3.

tes les allures de l'industrie manufacturière et que pour ces entreprises agricoles qui justifient le mot de M. Méline « que la terre est devenue une grande usine, la faillite serait la consécration juridique de leur évolution. Il nous paraît donc que ce serait une bonne chose d'assimiler l'agriculteur au commerçant pour les engagements qu'il prendrait dans une forme déterminée. Jusqu'ici on l'a considéré beaucoup trop comme un mineur et ce n'est qu'en le tirant de cet état de tutelle qu'il apprendra à se servir des capitaux dont il disposera en même temps qu'il sera plus pénétré de la responsabilité de ses actes. Ce sera seulement alors qu'il pourra user du crédit personnel aussi largement que l'industriel et le commerçant.

CHAPITRE II

Crédit Mutuel

On a aussi songé à établir comme base du crédit personnel la mutualité. Individuellement, les petits agriculteurs ont beaucoup de peine à se procurer les ressources qui leur sont nécessaires pour assurer le fonctionnement de leurs exploitations rurales. Si au contraire ceux qui se connaissent et apprécient leurs qualités réciproques d'ordre et d'économie, mettent en commun les petits capitaux dont ils peuvent disposer actuellement, ils constitueront le fonds social d'une société où les membres puiseront au cas de besoin. Ils pourront en outre contracter des emprunts sans difficulté, car associés, ils présentent une solidité indiscutable, alors qu'isolés ils n'offraient pas aux capitalistes de sûretés suffisantes. Si de nombreux petits apports font les gros capitaux, de nombreuses petites responsabilités unies forment une puissante garantie. En effet, si l'on peut appréhender que l'un des emprunteurs soit obligé de faillir à ses engagements par un cas de force majeure, crainte qui peut être atténuée par l'assurance contre les risques agricoles (1), cette appréhension devient minime lorsqu'elle se répartit sur un grand nombre d'associés solidaires. Les sociétés de crédit mutuel tirent surtout leur force de cette responsabilité limitée ou illimitée de leurs membres.

Il s'agissait donc de grouper tous les petits cultivateurs, fermiers, métayers, qui depuis des siècles ont vécu dans l'isolement et dans une indifférence égoïste à l'égard les uns des autres et de leur démontrer l'intérêt qu'ils avaient à fonder des caisses rurales qui n'auraient certes pas pour but de distribuer de l'argent à tous ceux qui en demandent avec ou sans motifs, mais où les cultivateurs qui en sont dignes, dont la moralité, les habitudes et les aptitudes sont connues pourraient trouver des avances qu'ils sauraient faire fructifier ; tandis que les banques leur refusent leur concours à cause de la modicité du crédit demandé et parce qu'elles ne veulent pas pour si peu se donner la peine de s'enquérir de la solvabilité d'un

---

(1) La recherche du capital nécessaire à l'agriculture, disait il y a quelques années M. Tisserand, alors Directeur de l'Agriculture, est étroitement liée à la question des assurances. C'est là une vérité incontestable, une bonne organisation du Crédit agricole doit avoir pour auxiliaire une bonne organisation des assurances agricoles, afin que le remboursement du prêt ne soit pas à la merci d'un sinistre frappant les récoltes et les étables du cultivateur. On doit donc encourager les agriculteurs à fonder des Compagnies d'assurances agricoles mutuelles.

client. Cette différence de procédé s'explique par ce fait que les dernières ont pour but de spéculer, de faire des bénéfices alors que les caisses de crédit agricoles ont simplement l'intention d'aider les besoigneux à s'entr'aider ; celles-ci sont fondées sans esprit de lucre, leur principe directeur est celui de l'assistance par soi-même (Selbsthülfe) ; ce ne sont pas des établissements de bienfaisance chargés de faire la charité à des individus ; elles ne doivent procurer le crédit qu'à ceux qui le méritent. Un choix judicieux de ses membres est du reste pour une caisse de crédit agricole le meilleur moyen d'inspirer confiance à ceux qui y effectueront des dépôts, car, outre les droits d'entrée et les cotisations de ses membres, elle est obligée de faire appel aux épargnes des classes laborieuses pour pouvoir satisfaire aux demandes de crédit que ces mêmes classes leur adressent.

Nous pensons en effet que les travailleurs peuvent être seulement cautionnés par leurs pairs, car si la capacité et la moralité de l'agriculteur ne sont pas suffisantes pour rassurer le capitaliste qui songe que des évènements imprévus tels que la maladie ou la mort peuvent empêcher son emprunteur de faire face à ses engagements, ces considérations ne seront pas capables de rassurer des répondants riches qui ne voudront pas cautionner d'aussi fragiles débiteurs.

Il suffit de la promesse d'un intérêt modique pour attirer les petits capitaux des cultivateurs, mais il convient de les tenir toujours à la disposition du déposant au cas où il en aurait besoin.

Il n'y pas à nier l'existence de ces petits capitaux dans les campagnes de France ; notre race a toujours fait l'étonnement des étrangers par ses qualités d'ordre et d'épargne. Mais si le paysan ne garde plus ses économies dans le vieux bas de laine, au fond de l'armoire, sous la pile de linge, il recherche des placements sûrs tels que ceux des caisses d'épargne où les capitaux restent inféconds pour la production nationale puisque les caisses d'épargne ne peuvent disposer de leur fortune personnelle et des dépôts qui leur sont faits, la loi du 20 juillet 1895 les autorisant à n'employer pour prêts aux sociétés de crédit que le revenu de leur fortune personnelle et un cinquième du capital de cette fortune.

Les résultats de la statistique montrent qu'en 1880 le capital dû par les Caisses d'épargne s'élevait à un milliard 280 millions et qu'en 1892 ce chiffre était porté à plus de 3 milliards. Dans cet accroissement l'agriculture vient au premier rang ainsi que les chiffres donnés par la statistique agricole permettent de le constater. En 1882 époque où pour la première fois on distingua les livrets des agriculteurs des livrets des ouvriers, le nombre des livrets pris par les agriculteurs était de 46.000, en 1892 il était de 53.000, tandis que le nombre des livrets d'ouvriers baissait.

Nous ne demandons pas, comme on le fait depuis

Kirch							9

plusieurs années, de détourner cette épargne sacrée du peuple vers quelque entreprise financière que ce soit, eût-elle même un but philanthropique, car nous estimons que le seul moyen de conserver la confiance populaire dans les Caisses d'épargne est de maintenir la législation si rassurante qui les régit (1) ; mais nous souhaitons que nos cultivateurs prennent l'habitude d'alimenter les Caisses de crédit agricole avec une partie des sommes qu'ils confient aux Caisses d'épargne ; ces Caisses de crédit auront de la sorte une source inépuisable. Comme le disait M. Wolowski (2) « il y a là un capital qui ne connaît pas de bornes qui se forme chaque jour goutte à goutte et qui arrive à une masse énorme, c'est le capital de la prévoyance, du sacrifice journalier qui rattache le présent à l'avenir et qui assure un avenir meilleur à ceux qui font le nécessaire pour y atteindre ».

Avec ces capitaux qui trouvent une entière sécurité par le fait de la responsabilité limitée ou illimitée des sociétaires intéressés par suite à une bonne administration, la société fonctionnant dans un cercle res-

(1) Le Parlement de New-York saisi d'une proposition de modification de la législation des Caisses d'épargne a émis le vote suivant dont on aperçoit immédiatement le bien fondé : « Plus les sommes en dépôt augmentent, plus les déposants sont nombreux et plus il convient de fortifier la sûreté et les administrateurs des Caisses d'épargne n'ont le droit d'ouvrir de risque d'aucune sorte en faisant des placements ».

(2) La question des Banques, p. 586.

treint et ne prêtant qu'à bon escient peut mettre à la portée des agriculteurs un crédit à taux réduit puisqu'elle reste étrangère à tout esprit de spéculation.

Des hommes d'initiative se sont basés sur ces données et ont créé des sociétés de crédit mutuel. L'un d'eux M. Wollemborg, fondateur des caisses rurales italiennes, a dégagé nettement toute l'efficacité de l'application au crédit de l'idée de coopération lorsqu'il a dit : « La société en nom collectif est celle où « chacun porte plus d'activité et de surveillance. Elle « fait réellement participer les associés à une même « œuvre. C'est donc ce qu'il y a de meilleur pour faire « réussir une association. De là émane, comme d'une « source vive, une influence intime et rénovatrice. « Elle constitue non seulement la force extérieure de « l'association, mais encore sa puissance morale et « intérieure. Là où l'indifférence, l'envie assistaient « autrefois paisiblement, peut être même avec joie, « aux mésaventures du voisin, maintenant la com- « munauté d'intérêts excite une affectueuse sollici- « tude qui se traduit par des conseils ou par des ser- « vices pour éviter les pertes ou accroître les bénéfi- « ces d'un coassocié.

Tous étant responsables et solidaires, chacun s'intéresse au bien-être d'autrui, en y voyant la garantie de son propre bien-être. C'est une école pratique d'éducation sociale ».

L'étranger nous devança dans la constitution des

sociétés de crédit agricole mutuel et ce n'est qu'après avoir vu les merveilleux résultats produits par ces institutions en Allemagne, en Italie, en Suisse que nous les avons introduit dans notre pays. Nous allons donc tout d'abord donner un aperçu de la situation dans les pays qui nous ont précédés dans cette voie où nous faisons seulement nos premiers pas. Ce moyen d'expérimentation nous permettra de dégager ce qu'il y a de bon et de mauvais dans les errements de nos voisins, ce que nous devons leur emprunter, ce que nous devons leur laisser.

CHAPITRE III

Du Crédit Mutuel à l'Étranger

Allemagne. — Nous ne nous arrêterons pas aux banques d'Écosse qui, avec leurs nombreuses succursales répandues dans tout le pays, ne sont pas, comme on l'a dit parfois en France, des banques populaires mais bien des banques d'émission et d'escompte ayant pour clientèle principale les classes supérieures mais accueillant accessoirement les petits cultivateurs aussi bien que les petits commerçants et les ouvriers dont la solvabilité est garantie au moins par deux parents ou amis connus de la banque. Nous étudierons immédiatement l'organisation des institutions mutuelles de crédit en Allemagne où elles ont pris un développement considérable.

Schulze Delitzsch fut leur initiateur. S'inspirant du principe de la mutualité dont il voyait l'application produire de bons résultats en Écosse, il résolut de procurer le crédit aux classes peu fortunées Pour cela il chercha à attirer les capitaux dont le remboursement était garanti par les divers membres qui se réunissaient pour former une association de manière à constituer un petit capital car pour assurer la prospérité de l'association, il est nécessaire d'avoir un fonds social qui serve de fonds de roulement et de fonds de garantie. Ce fonds social est formé d'actions dont le montant est généralement assez élevé, 40 thalers (150f.) au moins mais varie en moyenne de 100 à 200 thalers (375 à 750 fr.), et d'un droit d'entrée ; le montant de l'action ne se solde pas en une seule fois, mais par versements mensuels ; pour le payer chacun des associés dépose ses épargnes dans la caisse de la société qui lui sert un intérêt. Les bénéfices réalisés par l'association sont répartis proportionnellement aux sommes versées par chaque associé.

Plus tard on crée un fond de réserve qui appartient à l'association, les associés n'y ont aucun droit. La réserve s'obtient : 1° par un prélèvement sur les bénéfices de 15 à 20 0/0 les premières années, réduit plus tard entre 5 et 10 0/0 sur les bénéfices nets ; 2° par les droits d'admission payés par les nouveaux sociétaires qui sont proportionnels à l'importance de la réserve déjà constituée ; ils représentent ce qui leur reviendrait en cas de dissolution de l'association.

Mais pour ne pas éloigner de ces associations les petits épargnants, on s'en tient dans la pratique à un chiffre maximum de 10 marks (12 fr. 50).

Le maximum de la réserve des Vorsuchssvereine

est généralement de 10 0/0 du capital actions. Les Vorschussvereine jouent à la fois le rôle de Caisse d'épargne et de banque populaire.

Les diverses particularités des Vorschussvereine de Schulze-Delitzsch sont les suivantes. Elles tendent à réaliser le plus de bénéfices possible. Elles n'ont rien de commun avec des institutions charitables. Elles sont fondées sur la solidarité de leurs membres, sur l'aide mutuelle, service pour service. Les associés s'aident eux-mêmes, ils créent eux-mêmes le crédit en répondant les uns pour les autres et n'attendent rien de la libéralité d'autrui; ils gèrent eux-mêmes leurs fonds, car les Schulze-Delitzschen sont administrées par des associés qui reçoivent un salaire en rémunération de leurs soins. Enfin ces Sociétés n'admettent ni échéance à plus de 3 mois ni libération par à-comptes. En d'autres termes le système de Schulze-Delitzsch est l'application pure de la maxime « aidez-vous les uns les autres ». Elles sont fondées uniquement sur le principe de l'assistance par soi-même.

Il nous paraît intéressant de citer les termes mêmes par lesquels Schulze-Delitzsch résumait les caractéres des associations qu'il avait fondées :

« Le principe de l'assistance par soi-même de la part des créanciers a été réalisé au moyen des règles principales qui suivent :

1. — Ceux qui demandent du crédit sont eux-mêmes les soutiens et les maîtres de l'entreprise créée

pour la satisfaction de ce besoin ; en d'autres termes, ils sont membres de l'association qu'ils ont dans ce but, fondée pour eux-mêmes, et en conséquence, ils participent aux pertes ou aux bénéfices de l'affaire.

II. — Les relations avec la société et les crédits qu'elle ouvre sont avant tout traités comme une affaire et d'après les règles qui président aux opérations de banque. Les créanciers reçoivent des titres et intérêts de la caisse sociale ; cette dernière en demande autant aux crédités et toute subvention est supprimée.

III. — Au moyen des cotisations, les économies des sociétaires sont accumulées à la caisse sociale, les bénéfices ou dividendes sont proportionnés à la somme des versements qui, semblables à des actions, forment le capital fondamental de la société.

IV. — En outre pour la marche des affaires, il est nécessaire de prendre au dehors de l'argent sous la garantie solidaire de tous les membres ».

Le nombre des Vorschussvereine de Schulze-Delitzsch dépassait 3.000 en 1896.

La fédération générale de ces associations a créée une banque centrale au capital de 28 millions de marks.

Les associations Schulze-Delitzsch conviennent peu au crédit agricole car par suite des frais d'administration et d'un partage de dividendes elles ne fournissent qu'un crédit très onéreux. En outre le crédit agricole exige des termes plus longs que ceux qu'elle accorde pour le remboursement.

Des sociétés se sont donc formées plus en conformité avec les besoins des agriculteurs ce sont les caisses rurales de prêts du système Raiffeisen, les Darlehenskassen. Ici la coopération émane de sentiments charitables ou philanthropiques. La caisse rurale est une société en nom collectif à solidarité illimitée fonctionnant sur le territoire d'une seule commune ; elle ne possède pas de capital propre ; les prêts qu'elle fait à ses membres proviennent d'emprunts réalisés par la caisse sous la garantie solidaire des sociétaires. Comme les sociétaires sont des agriculteurs dépourvus de numéraire mais possédant des terres ou tout au moins du bétail et des instruments agricoles représentant une valeur bien supérieure aux capitaux dont la caisse a besoin, elle n'est jamais embarrassée pour se les procurer.

La caisse est administrée gratuitement ; les fonctions d'administrateur ne sont pas une lourde charge, puisque la caisse n'opérant qu'avec ses membres dans une étroite circonscription fait relativement peu d'affaires. La caisse ne distribue jamais de dividendes ; les bénéfices réalisés par elle sont accumulés dans la réserve qui ne se partage jamais. Elle ne prête qu'à ses membres pour un usage déterminé et jugé utile. Les prêts ne sont consentis qu'avec la plus grande circonspection après le double examen du caractère de l'emprunteur et de l'emploi qu'il veut faire de la somme demandée. La caisse, ayant un crédit illimité et trouvant toujours plus de capitaux qu'il n'est nécessaire peut prêter à long terme, à 5 et même 10 ans, sans avoir à se préoccuper des retraits possibles, comme le ferait une banque de circulation.

Les sociétaires ne recevant pas de dividendes et les administrateurs n'étant pas payés, personne n'a d'intérêt à ce que la société fasse beaucoup d'affaires ; mais tous étant solidairement responsables des dettes de la société, chacun a intérêt à ce qu'elle ne fasse que des affaires sûres. Aussi les associés qui connaissent parfaitement les ressources et la situation de leurs coassociés se surveillent mutuellement et si la solvabilité de l'un d'eux vient à diminuer par sa faute, l'administration de la caisse en est informée et prend toutes les mesures conservatoires.

Les Caisses Raiffeissein ont traversé en Allemagne les périodes troublées de 1866 et de 1870 sans recevoir d'atteintes. Il n'y a pas une seule des caisses rurales système Raiffeissen qui ait fait éprouver une perte à ses créanciers, tandis que les Banques Schultze Delitzsch, qui cherchent à réaliser des bénéfices, comptent à leur actif des faillites assez nombreuses.

Ces associations de crédit présentent de sérieux avantages pour les agriculteurs, aussi sont-elles aujourd'hui très nombreuses. D'après les rapports présentés au dernier Congrès tenu en septembre 1898 à Karlsrühe, il y avait dans ce pays, à la fin de l'année 1897, 15.600 associations coopératives, dont 11.854, soit 76 %, étaient des sociétés coopératives agricoles (1).

De ces 11,854 associations 8451 étaient des associations de crédit, le reste se composait de sociétés coopératives de production et de consommation, de laiteries et de fromageries au nombre de 1716.

L'année 1897 avait déjà marqué un progrès considérable sur l'année 1896 ; le nombre des associations de crédit avait, en effet augmenté de 839 au cours de cette seule année. L'augmentation s'est continuée en 1898, 726 caisses rurales ont été créées dans les deux premiers mois de cette année.

Il y a toutefois un reproche que l'on peut adresser aux fondateurs et administrateurs des caisses Raiffeisen, c'est d'avoir cherché à se servir de ces institutions pour acquérir de la popularité et maintenir dans leur dépendance les agriculteurs à qui ils peuvent refuser d'ouvrir leur caisse si bon leur semble.

Schultze-Delitzsch avait déjà fait ressortir ce point très critiquable de l'institution lorsqu'il s'exprimait ainsi :

« Entre les Caisses Raiffeissen et nos institutions,

(1) Rapport de M. V. Lourties, sénateur, sur le projet de loi ayant pour but l'institution des Caisses régionales du Crédit agricole mutuel. Sénat, 1898, n° 10, p 20.

il existe une différence considérable et essentielle qui consiste dans les points principaux qui suivent :

I. — Ce ne sont pas les crédités eux-mêmes, mais des hommes bien intentionnés, ou des sociétés de bienfaisance, même des communes ou des corporations publiques (par exemple à Magdebourg) qui en tout ou partie, fournissent le fonds social et cela gratuitement, sans intérêts, uniquement pour rendre service à leurs compatriotes qui ont besoin de crédit.

II. — S'il faut faire appel aux capitaux étrangers, les protecteurs fournissent les garanties nécessaires ; s'ils poursuivent les bénéfices, c'est plutôt dans une pensée de bienfaisance ; les crédités ne participent ni aux pertes ni aux bénéfices de l'association dont ils ne sont pas membres ; ils ne font pas de versements à la caisse, et les statuts n'exigent pas la formation d'un capital propre aux crédités.

III. — Naturellement les protecteurs qui sont les seuls soutiens de l'affaire en sont aussi les seuls maîtres ; à la vérité, ils ne demandent pas de rémunération pour leurs soins, mais d'un autre côté, les crédités n'ont aucune participation à la marche des opérations ni surtout voix délibérative ».

A côté de ces deux groupes, il s'en est constitué dans ces dernières années un troisième à Offenbach dans le duché de Hesse, il a pris le nom de son fondateur Haas. Essentiellement agricoles les caisses Haas ont été fondées dans des centres ruraux plus

importants que ceux où sont établis les caisses Raiffeissen, elles ont un rayon d'action plus large et trai-
tent d'affaires plus importantes que les précédentes.
leurs membres sont des propriétaires fonciers dont
les membres appartiennent à la noblesse.

Comme les caisses Schultze-Delitz, leur fonds social
est constitué au moyen du paiement de droit d'entrée
et par la souscription de parts d'intérêt assez élevées,
elles donnent un traitement à leurs administrateurs.
servent des intérêts aux dépôts qu'elles reçoivent, mais
font des prêts à longues durée, parfois pour plus de
deux années. Les caisses Haas ont une très grande
indépendance pour la rédaction de leurs statuts. En
avril 1897 le nombre de ces sociétés s'élevait à
2447 (1).

Les diverses caisses rurales allemandes ont depuis
quelques années une tendance à se grouper en fédéra-
rations suivant le type d'après lequel elles se sont
fondées. Les 3 principaux types sont ceux dont nous
venons de donner les caractères généraux, types
Schultze-Delitzsch, Raiffeisen et Haas.

Dominant tout cet organisme, la loi du 31 juillet
1895 a créé à Berlin une caisse centrale d'Etat qui a
pour but de fournir des avances aux associations de
crédits existantes ou à créer en Prusse. L'Etat lui a
alloué successivement un capital de 5,20 et 50 millions.

(1) *Economiste français,* du 16 octobre 1897.

En avril 1898, la Caisse centrale était en relations d'affaires avec 749 unions de caisses de crédit ou sociétés.

Le taux de l'intérêt fixé d'abord à 2 1/2 0/0 pour les dépôts et à 3 p. 0/0 pour les prêts a été, au mois d'août 1898 élevé de 1 0/0 ce qui a motivé de vives attaques contre la direction de la Caisse.

Suisse. — La coopération de crédit n'a pas pris dans ce pays le même essor qu'en Allemagne. On y trouve toutefois un certain nombre de banques populaires ainsi à Zurich, Fribourg, Berne, etc.. Dans cette dernière ville, la Schweizerische Volksbank a adapté les principes de Schulze à une société à responsabilité limitée.

Ne donnant pas à ses créanciers la garantie de la solidarité illimitée la banque a constitué immédiatement un capital assez important ce qui a obligé les associés à des versements initiaux assez considérables, car ainsi que dans la société Schulze-Delitzsch les associés souscrivent une part sociale et versent des acomptes mensuels. Les associés sont responsables pour une somme double de celles qu'ils ont versé.

Les législateurs autrichien, en 1873 et allemand en 1889 se sont inspirés des statuts de la Banque de Berne pour établir le type des sociétés coopératives à responsabilité limitée.

Il ne paraît pas que la Schweizerische Volskbank

ait fourni une aide efficace à l'agriculture suisse.
Quant aux coopératives de crédit purement agricole
elles sont encore très rares en Suisse. On ne cite
l'existence que de quelques Darlehenskassen du type
Raiffeissen (1).

Italie. — Pour faire face à une situation économique déplorable les agriculteurs de ce pays sur les
conseils d'hommes tels que MM. Léono Wollemborg,
Luzatti et don Luigi Cerutti ont constitué de nombreuses sociétés coopératives de crédit. Les caisses
rurales dites Wollemborg sont calquées sur le système Raiffeisen, elles n'en diffèrent que par des points
de détails : elles consentent aussi des prêts à longue
échéance, mais les prêts sont représentés par des
billets à ordre à trois mois renouvelables. Les prêts
à court terme peuvent être accordés sur une seule
signature. En juin 1898 ces caisses étaient au nombre de 13.

A côté et fondées sur les principes des caisses
Raiffeisen et Wollemborg mais avec un caractère
confessionnel existent 779 caisses rurales catholiques
fondées depuis 1892 par don Luigi Cerutti, curé de
Gambaran en Vénétie. Ces caisses rurales catholiques
sont alimentées par les banques catholiques provinciales et par une caisse centrale établie à Parme.

(1) V. Durand. *Le Crédit Agricole à l'étranger.*

Il existe en outre 9 caisses agraires créées par les caisses d'épargne.

Il convient enfin de citer les banques populaires italiennes au nombre de 763, fondées d'après le type Schulze-Delitzsch et dont M. Luzzati a été le promoteur. Chaque banque est une société à capital variable à responsabilité limitée. En cas de faillite chaque associé qui est un actionnaire est tenu seulement de libérer ses actions si elles ne le sont pas encore. Le montant de l'action varie de 50 à 100 lires, les actionnaires s'engagent à solder leur action par versements mensuels de 5 francs.

Elles ne font qu'accessoirement des opérations de crédit agricole, pourtant dans les petits centres c'est presque leur rôle exclusif.

Belgique. — Deux types caractérisent les institutions de crédit agricoles existant en Belgique : les comptoirs agricoles créés à la suite de la loi du 18 avril 1884 et les sociétés locales de crédit à responsabilité solidaire et illimitée.

Il n'existe que 6 comptoirs qui dans l'année 1897 ont cautionné 184 prêts. Ce sont surtout les grands cultivateurs qui ont recours à ce genre de prêts. Les petits agriculteurs s'adressent de préférence aux caisses constituées d'après le système Raiffeisen mis en concordance avec la loi belge du 23 mai 1873 sur les sociétés commerciales.

L'organisation de ces caisses est due en grande partie à M. l'abbé Mellaerts qui leur a donné un caractère confessionnel très marqué.

Un certain nombre de banques populaires presque exclusivement agricoles sont constituées d'après les principes de Schulze-Delitzsch, M. Léon d'Andrimont en a été l'initiateur.

———

CHAPITRE IV

Du Crédit mutuel en France

Si les autres nations nous ont devancés et si leur
expérience peut être pour nous la source d'informa-
tions précieuses, dans notre pays il s'est aussi trouvé
des hommes qui ont préconisé la création des Caisses
de crédit mutuel. Dès 1878 nous voyons le R. P.
Ludovic de Besse fonder la Banque populaire d'Angers,
puis la Société de crédit mutuel et populaire à Paris,
et en 1882, M. Rayneri créer la Banque populaire de
Menton, mais nous passerons sur le fonctionnement
de ces institutions qui intéressent plus particulièrement le Crédit urbain Il nous faut arriver jusqu'en
1885 pour trouver la première Caisse de crédit agricole, dite *Crédit Mutuel agricole de Poligny*, fondée
sur l'initiative de M. Louis Milcent, par le Syndicat
agricole de l'arrondissement de Poligny. Les actionnaires y sont divisés en deux catégories : 1° les
actionnaires fondateurs qui souscrivent des actions
de 500 francs dont la moitié est versée, et 2° des
actionnaires sociétaires souscrivant des coupures de

50 fr. Les fondateurs ne peuvent recevoir un dividende de plus de 3 0/0 ; les déposants touchent 3 1/2 0/0. Afin d'utiliser sur place les économies au profit des agriculteurs de la Société, fonctionne un service appelé Caisse d'épargne des Cultivateurs. Peu de temps après fut créée d'après le même type la Caisse de crédit mutuel et agricole du Doubs.

La première caisse de crédit agricole qui fut établie en France, d'après le système Railleisen, est la Caisse rurale de Laugé près Valençay (Indre).

Mais sous l'influence d'hommes d'initiative comme MM. Rostand, Rayneri, Ludovic de Besse, L. Durand, Martin, les caisses de crédit agricole se sont considérablement développées en ces dernières années. Des groupes d'économistes ont créé des organes de propagande dont les principaux sont le Centre fédératif du Crédit populaire en France, qui depuis 1889 tient chaque année un congrès dans une grande ville de France ; le dernier a eu lieu à Angoulème — la Société de propagation du Crédit populaire — et l'Union des caisses rurales et ouvrières à responsabilité limitée. Cette dernière a le tort d'avoir des tendances politiques et confessionnelles.

Les caisses agricoles existant actuellement peuvent se ranger en trois groupes :

1° Les banques populaires fondées sous la forme de sociétés à capital variable et réglementées par les articles 48 à 54 de la loi du 24 juillet 1867, modifiée par la loi du 1ᵉʳ août 1893. La banque de Poligny en est le type.

2° Les sociétés coopératives du crédit agricole en nom collectif, les unes pure imitation du système Raiffeisen ne comportent pas d'actions et sont à responsabilité illimitée, telles sont les caisses dites Durand, les autres ont constitué des parts sociales mais sont aussi à responsabilité illimitée. ce sont les caisses coopératives agricoles fondées par M. Rayneri.

Le capital nécessaire pour le fonctionnement des caisses Durand est constitué par des dépôts des membres de la société ou des tierces personnes jusqu'au jour où les bénéfices versés à la réserve de la caisse constituent un capital social suffisant, car les associés ne faisant aucun versement ne reçoivent aucun dividende. Ces caisses ne consentent de prêts qu'à leurs seuls sociétaires pour un usage déterminé et contrôlé et moyennant caution, gage ou hypothèque. Leur rayon d'action est limité à de petites communes de 600 à 2,000 habitants.

Le nombre de ces caisses est d'environ 500 ; elles étaient plus nombreuses, mais beaucoup se sont dissoutes à la suite de la jurisprudence du Conseil d'Etat fixée par un arrêté du 24 décembre 1897, qui les a assujetties à la patente.

Les Caisses Rayneri demandent aux sociétaires la constitution d'un petit capital. Elles ont l'avantage,

comme l'a dit leur fondateur, de pousser le sociétaire
« à se constituer insensiblement un petit noyau
d'épargne qui est destiné à devenir le point de départ
de l'amélioration économique de l'agriculture ».

A la faveur de l'art. 10 de la loi du 20 juillet 1895,
les Caisses d'épargne de Lyon et de Marseille ont
aidé à la formation d'un certain nombre de ces
Caisses (1), qui ne consentent des prêts que moyennant des billets à ordre renouvelables.

Enfin, un troisième groupe comprend les sociétés
de crédit agricole régies par la loi du 5 novembre
1894 dont nous allons donner un aperçu général et
dont nous verrons ensuite les résultats.

SECTION I. — Loi du 5 Novembre 1894.

C'est pour hâter ce mouvement d'organisation du
crédit agricole pour lequel l'initiative privée avait déjà
beaucoup fait que le gouvernement songea à utiliser
les syndicats agricoles. Ces associations formées en
vertu de la loi du 21 mars 1884 qui primitivement
n'avait pas été faite pour elles ont pris un développement extraordinaire. Leur nombre dépasse actuellement 1500, comptant plus de 600,000 membres,

____

(1) V. *Revue politique et parlementaire*, octobre 1897, n° 40.
Article de M. Dufourmantelle.

formant des unions régionales, faisant des achats collectifs d'engrais évalués à 100 millions de francs. ce qui a amené sur certains de ces engrais une baisse de 40 à 45 %. Rien n'est plus propre que ces chiffres à montrer combien nos agriculteurs reconnaissent les bienfaits de la mutualité et sont disposés à accepter toutes les réformes en ce sens qui leur paraissent utiles. On peut dire que les syndicats ont été les propagateurs les plus efficaces du principe de l'association à laquelle nos campagnes avaient paru jusqu'ici réfractaires.

Ces syndicats qui avaient pour objet l'étude des meilleurs modes de culture dans leur région respective, la création de champs d'expérience, le choix de semences, engrais et matériel le mieux appropriés au sol de leur région, en un mot de toutes les questions relatives au développement, à la prospérité de l'agriculture et à la défense de tous les intérêts professionnels ont paru les organes propres à réaliser l'organisation du crédit rural mutuel par la création de sociétés de crédit agricole ; organiser le crédit par en bas à côté des syndicats agricoles et par eux. tel a été le but de la loi du 5 novembre 1894.

Constitution des sociétés de crédit agricole. — Jusqu'à ce jour les syndicats avaient pu, soit au moyen de leurs réserves. soit en prenant certains arrangements avec des banques locales ou même avec des fournisseurs, faire bénéficier dans une certaine mesure leurs adhérents de délais de paiement, mais c'étaient là des procédés exceptionnels qui ne pouvaient suppléer à l'organisation rationnelle du crédit agricole. Aussi la loi de 1894 a-t-elle autorisé la totalité des membres d'un ou de plusieurs syndicats professionnels, soit une partie des membres de ces syndicats, à se constituer en sociétés de Crédit agricole.

L'art. 1er dispose : des sociétés de Crédit agricole peuvent être constituées soit par la totalité des membres d'un ou de plusieurs syndicats professionnels agricoles, soit par une partie des membres de ces syndicats ; elles ont exclusivement pour objet de faciliter et même de garantir les opérations concernant l'industrie agricole et effectuées par ces syndicats ou par des membres de ces syndicats.......

Par suite, toute caisse, toute société de crédit rural doit procéder d'un syndicat, s'appuyer sur lui. Comme le dit M. Maurin, cette nécessité ressort de la définition même et de l'essence du crédit mutuel personnel. La confiance réciproque et la connaissance qu'ont les associés les uns les autres, de leurs vertus comme de leurs défauts sont la base de toute mutualité et plus particulièrement de la mutualité de Crédit. L'association professionnelle est le foyer d'où nait l'idée du progrès à accomplir où s'enseigne les moyens pratiques de le réaliser, où se nouent enfin les liens d'une étroite solidarité ; ce n'est point trop exiger de celui qui veut emprunter sous la garantie collective de ses camarades de travail que de lui demander d'en faire partie.

La loi, en faisant appel à l'initiative des membres qui composent les syndicats agricoles, leur donne la facilité de créer ou de développer leur crédit personnel par la création de sociétés du type qui leur convient le mieux, avec parts de capital ou à capital variable et à responsabilité solidaire ou même sans capital versé, avec ou sans l'aide de la solidarité. Sans doute, avant la loi de 1894, un syndicat, tel celui de Poligny, avait le droit de fonder une société de crédit, mais il était obligé d'observer les formalités requises pour la formation de ces sociétés par la loi du 24 juillet 1867. On voit que ce n'est pas le syndicat agricole qui se transforme. C'est une société nouvelle qui se fonde, qui se détache du syndicat et pour la fondation de laquelle il est permis de déroger à la loi du 24 juillet 1867. Il est très juste que les syndicats ne deviennent pas, comme on l'avait proposé dans le projet primitif des caisses faisant des avances à leurs membres ce serait les atteindre dans leur existence ; leur but n'est pas de faire des opérations de crédit, ils doivent être simplement les initiateurs de toutes les institutions de crédit agricole, les transformer en caisses de crédit aurait pu causer la retraite, l'abstention, la désaffection des propriétaires riches qui auraient craint de se voir engrenés dans des garanties morales, peut être réelles, non voulues, onéreuses et irritantes. Il ne fallait appeler à ces caisses que ceux qui auront l'occasion d'y emprunter. C'est ce qu'a fait la loi.

L'idée de faire reposer la caisse de crédit sur les syndicats est logique car ils faciliteront l'usage du crédit et on peut avoir la certitude que si des agriculteurs ont l'intention de fonder une caisse rurale, ils songeront d'abord à constituer le syndicat pour le compléter ensuite par la caisse de crédit car une fois le syndicat constitué les membres de la future caisse n'auront qu'à se soumettre aux simples formalités de la loi de 1894 et seront dispensés de la sorte des formalités compliquées de la loi de 1867 (1). Cette caisse ne doit pas être indépendante de lui sinon elle ne tarderait pas à l'annihiler, ce qu'il faut éviter, car le syndicat ne s'occupant plus d'affaires commerciales et ne fournissant à la caisse que des adhérents ou des actionnaires servira d'organe de contrôle aux opérations de la caisse, il vérifiera l'emploi des fonds prêtés et ce au mieux des intérêts économiques de la culture. S'inspirant de ces idées, le 10ᵉ congrès de crédit populaire tenu à Angoulême a adopté dans sa séance du 6 novembre 1898 la résolution suivante :

« Le Congrès, affirmant de nouveau le principe constamment posé par les congrès du crédit popu-

(1) V. Rapport Jean Codet à la Chambre des Députés nº 787

laire dès 1892 à Lyon, est d'avis qu'en fait comme en droit le syndicat agricole et l'organisme distributeur du crédit agricole doivent toujours demeurer deux institutions autonomes et distinctes même lorsqu'elles sont formées et administrées par les mêmes personnes.

Il en résulte que :

1º Le syndicat ne peut s'identifier avec la société de crédit agricole dans une seule et même association.

2º Il est à désirer que le syndicat s'abstienne de traiter des opérations de crédit agricole, même sous forme de fournitures à crédit, la création d'une institution de crédit agricole lui offrant à cet égard des facilités et des avantages qu'il ne saurait posséder directement.

Formation du capital social. — Le capital social dont les statuts doivent déterminer la composition et la proportion dans laquelle chacun de ses membres contribuera à sa constitution, ne peut aux termes de l'article 1er être formé par des souscriptions d'actions.

Il pourra être constitué à l'aide de souscriptions des membres de la société ; ces souscriptions formeront des parts, qui pourront être de valeur inégale ; elles seront nominatives et ne seront transmissibles que par voie de cession aux membres des syndicats et avec l'agrément de la société.

La société ne pourra être constituée qu'après versement du quart du capital souscrit.

Dans le cas où la société serait constituée sous la forme de société à capital variable le capital ne pourra être réduit par les reprises des apports des sociétaires sortant au-dessous du montant du capital de fondation.

On trouve là de sages prescriptions qui ont eu pour but d'écarter les spéculateurs, ainsi pas d'émission d'actions et seuls les membres des syndicats qui ont constitué la société peuvent se rendre acquéreurs des parts sociales qui sont nominatives. Cette défiance des spéculateurs se manifeste dans l'article 2 ainsi conçu :

« Les statuts détermineront les prélèvements qui seront opérés au profit de la société sur les opérations faites par elle.

Les sommes résultant de ces prélèvements, après acquittement des frais généraux et payement des intérêts des emprunts et du capital social, seront d'abord affectées, jusqu'à concurrence des trois quarts au moins, à la constitution d'un fonds de réserve, jusqu'à ce qu'il ait atteint au moins la moitié de ce capital.

Le surplus pourra être réparti à la fin de chaque exercice, entre les syndicats et entre les membres des syndicats, au prorata des prélèvements faits sur leurs opérations. Il ne pourra en aucun cas, être partagé sous forme de dividende entre les membres de la société.

A la dissolution de la société, ce fonds de réserve et le reste de l'actif seront partagés entre les sociétaires, proportionnellement à leur souscription, à moins que les statuts n'en aient affecté l'emploi à une œuvre d'intérêt agricole. »

Les bénéfices sont donc consacrés à la constitution d'un fonds de réserve et sous aucun prétexte ils ne peuvent être distribués aux porteurs de parts sous forme de dividendes ; le prélèvement destiné à constituer le fonds de réserve doit se continuer jusqu'à ce que ce fonds ait atteint la 1/2 du capital social, le surplus du bénéfice sera réparti proportionnellement aux opérations que chaque membre du syndicat a faites avec la société, on lui restitue en quelque sorte ce qui a été perçu en trop.

Même lorsqu'une Société de crédit agricole fondée sans capital d'après le système Raiffeisen se place sous le régime de la loi de 1898, elle sera tenue de constituer un fonds de réserve, mais comme l'a dit M. Méline (1) « elle sera en règle avec les statuts en constituant la réserve d'une façon équitable ». Cette réserve sert de garantie contre les pertes éventuelles et en cas de retraite de plusieurs sociétaires lui permet de continuer ses opérations, l'art. 1ᵉʳ qui s'occupe de cette éventualité décide que en cas de reprises des apports des sociétaires sortants, le capital ne pourra

____

(1) *Journal Officie* , 21 juin 1892. Chambre des Députés.

être réduit au-dessous du montant du capital de fondation.

Opérations permises aux Sociétés. — Mais quels sont donc les opérations permises à ces Sociétés qui leur permettront de faire des bénéfices? Le § 2 de l'art. 1er nous renseigne à ce sujet.

« Ces Sociétés peuvent recevoir des dépôts de fonds en comptes courants avec ou sans intérêts, se charger, relativement aux opérations concernant l'industrie agricole, des recouvrements et des payements à faire pour les syndicats et pour les membres de ces syndicats. Elles peuvent notamment contracter les emprunts nécessaires pour constituer ou augmenter leurs fonds de roulement ».

Cette énumération n'est pas limitative.

L'article 2 décide que les statuts détermineront le maximum des dépôts en comptes courants. Cet art. 2 qui s'occupe de la rédaction des statuts laisse toute latitude aux fondateurs pour régler le régime intérieur de la Société de crédit agricole comme cela se pratique d'ailleurs dans la Fédération des caisses Haas ou d'Offenbach. Il est ainsi conçu : « Les statuts détermineront le siège et le mode d'administration de la Société de crédit, et les conditions nécessaires à la modification de ces statuts et à la dissolution de la Société, la composition du capital et la proportion dans laquelle chacun de ses membres contribuera à sa constitution.

« Ils détermineront le maximum des dépôts à recevoir en comptes courants.

« Ils règleront l'étendue et les conditions de la responsabilité qui incombera à chacun des sociétaires
dans les engagements pris par la Société.

« Les sociétaires ne pourront être libérés de leurs
engagements qu'après la liquidation des opérations
contractées par la Société antérieurement à leur
sortie. »

Nature de ces sociétés. — L'article 4 tranche une
question controversée et décide que :

« Les sociétés de crédit autorisées par la présente
loi sont des sociétés commerciales dont les livres
doivent être tenus conformément aux prescriptions
du Code de Commerce.

Elles sont exemptes du droit de patente ainsi que
de l'impôt sur les valeurs mobilières.

Ces sociétés commerciales sont incontestablement
des sociétés de personnes car elles sont fondées en
considération de la personne des associés, *intuitu
personæ*, on y tient compte de leur valeur, de leur
honorabilité, de leur solvabilité et de leur crédit. On
ne peut pourtant dire que ce soit une des formes
ordinaires des sociétés de personnes, qui sont ou des
sociétés en nom collectif dans lesquelles les associés
sont engagés indéfiniment et solidairement, ou des
sociétés en commandite simple, dans celles-ci les

commandités étant tenus solidairement et indéfiniment et les commanditaires seulement jusqu'à concurrence de leur apport. D'après M. Arthuys (1) « il
« reste acquis que la loi de 1894 crée un type nou-
« veau de sociétés, non comme on l'a prétendu des
« sociétés anonymes sans actions (séance du 2 juin
« 1892) il y aurait là quelque chose de contradictoire,
« l'action est la part d'associé dans une société de
« capitaux et la société anonyme est par excellence
« une société de capitaux ; ce sont plutôt si l'on veut
« absolument un rapprochement des sociétés en
« commandite simple moins les commandités com-
« posées uniquement de commanditaires. »

L'obligation pour les sociétés de crédit de tenir des
livres conformément au Code de Commerce a soulevé
de nombreuses protestations. A notre avis il y a là au
contraire pour les tiers comme pour les associés une
sérieuse garantie, il faut éviter que des emprunts ne
soient pas inscrits.

Il convient de constater régulièrement l'opération
effectuée par tout agriculteur qui s'est procuré à une
caisse de crédit agricole l'argent qui lui était nécessaire pour solder l'achat d'engrais ou d'instruments de
travail ; il rentrera dans le rôle des caisses régionales
de vérifier si tous les prêts sont portés sur les regis-

(1) *Revue critique de législation et de jurisprudence* 1895.
p. 318.

tres de la société locale. Les livres des sociétés comme celui des commerçants étant cotés, visés et paraphés, il est impossible de supprimer ou de substituer des feuillets ou d'annuler des opérations qu'on aurait intérêt à dissimuler. La société pourra en outre se prévaloir de ses livres en justice vis-à-vis des commerçants. Mais de ce que la société est déclarée commerciale, les associés qui sont des commanditaires n'ont pas à craindre d'être mis en faillite, la société seule peut l'être ; il en est autrement dans la société en nom collectif : les associés tenus solidairement sont atteints par la faillite.

Publicité. — *L'article 5* s'occupe des conditions de constitution des nouvelles sociétés et de leur administration.

« Les conditions de publicité prescrites pour les sociétés commerciales ordinaires sont remplacées par les dispositions suivantes :

« Avant toute opération, les statuts, avec la liste complète des administrateurs ou directeurs et des sociétaires, indiquant leurs nom, profession, domicile, et le montant de chaque souscription, seront déposés en double exemplaire, au greffe de la justice de paix du canton où la société à son siège principal. Il en sera donné récépissé.

« Un des exemplaires des statuts et de la liste des membres de la Société sera, par les soins du juge de paix, déposé au greffe du Tribunal de commerce de l'arrondissement.

« Chaque année, dans la première quinzaine de février, le directeur ou un administrateur de la Société déposera, en double exemplaire, au greffe de la justice de paix du canton, avec la liste des membres faisant partie de la Société à cette date, le tableau sommaire des recettes et des dépenses, ainsi que des opérations effectuées dans l'année précédente. Un des exemplaires sera déposé par les soins du juge de paix au greffe du Tribunal de commerce.

« Les documents communiqués au greffe du Tribunal de commerce seront communiqués à tout requérant. »

La loi a donc réduit au strict minimum les conditions de publicité.

Les fondateurs ne sont pas tenus de publier un extrait des statuts dans un journal dont un exemplaire doit être visé et enregistré au droit fixe. Toutefois, l'obligation du dépôt annuel du nom des membres de chaque société et de leur comptabilité a été considérée comme une sorte de main mise de l'Etat, représenté par l'Administration sur les Caisses de crédit et a paru menaçante pour leur existence, car, dit-on, c'est permettre aux tiers étrangers de connaître les opérations de la société.

Cette ingérence administrative imitée de la loi allemande trouve sa justification dans ce qu'il convient de surveiller la limitation des prélèvements statutaires.

Une circulaire de 1895, du Directeur général de l'Enregistrement, des Domaines et du Timbre, est venue trancher certaines difficultés qui surgissaient avec les greffiers au sujet du dépôt au greffe des statuts ; elle décide en résumé que :

« Les greffiers des justices de paix et des tribunaux de commerce sont, d'une manière générale et absolue, dispensés de dresser acte des dépôts qui leur sont faits en exécution de l'article 5 de la loi du 5 novembre 1894.

« Les récépissés que les greffiers des justices de paix délivrent dans tous les cas lors de ces dépôts, ne sont pas sujets à enregistrement dans un délai déterminé, mais ils doivent être rédigés sur papier frappé du timbre de dimension.

« Enfin, les pièces à déposer sont exemptes du timbre, à moins qu'elles ne soient établies sous la forme d'actes réguliers ».

Responsabilité des administrateurs. — L'article 6 réglemente la responsabilité des administrateurs.

« Les membres chargés de l'administration de la société seront personnellement responsables, en cas de violation des statuts ou des dispositions de la présente loi, du préjudice résultant de cette violation.

« Ils pourront être poursuivis et punis d'une amende de 16 à 200 francs.

« Le tribunal pourra, en outre, à la diligence du procureur de la République, prononcer la dissolution de la société.

« Au cas de fausse déclaration relative aux statuts ou aux noms et qualités des administrateurs, des directeurs ou des sociétaires, l'amende pourra être portée à 500 francs ».

Ces pénalités, a-t-on objecté, sont de nature à effrayer quelques bonnes volontés. Le 10ᵉ Congrès de crédit populaire tenu à Angoulême en novembre 1898 s'est fait l'écho de ces plaintes et a émis le vœu : « que l'article 6 de la loi du 5 novembre 1894 soit modifié dans le sens d'une atténuation de la responsabilité des administrateurs, en ce qui concerne la violation involontaire des dispositions statutaires ne résultant pas obligatoirement de la loi ».

Les pénalités édictées ne nous semblent pourtant pas exagérées dans cette circonstance où il s'agit de protéger la fortune de toute une catégorie de citoyens aussi intéressants que les cultivateurs. Nous reconnaissons néanmoins qu'il est regrettable que des administrateurs puissent être frappés de peines correctionnelles même pour des infractions légères à la loi, pour une violation involontaire des statuts, un retard dans la réunion de l'assemblée générale par exemple, et surtout qu'il ne soit pas possible en l'absence d'une disposition formelle de pouvoir faire l'application de l'article 463 du Code Pénal. qui permet de réduire la peine en cas de circonstances atténuantes.

Si l'on craint que cette disposition puisse empêcher quelques hommes d'initiative de s'intéresser à une œuvre à laquelle ils consacrent le peu de temps que leur laissent leurs occupations journalières, il serait facile de substituer la responsabilité civile à la responsabilité correctionnelle. Il n'en est pas moins vrai que les peines de l'article 6 sont plus douces que celles édictées par la loi de 1884 contre les fondateurs et administrateurs de syndicats, ce qui n'a pourtant pas empêché l'éclosion d'un grand nombre de ces associations.

Avantages de la loi de 1894. — Malgré ces légères critiques de détail qui nous semblent bien peu fondées, nul ne peut contester les avantages considérables que la loi de 1894 offre pour le développement du crédit. Elle a cherché à simplifier les formalités exigées pour la formation des sociétés commerciales. L'organisation nouvelle est plus simple et plus à la portée de l'intelligence de la majorité de la population rurale que celle des sociétés commerciales.

Comme le disait M. Méline (1) « la législation commerciale concernant les sociétés est infiniment trop compliquée et d'un fonctionnement trop difficile pour

(1) *Journal Officiel,* 17 juin 1896, Ch. des Députés.

être pratiquée par la masse de la population ; elle n'est accessible qu'aux hommes de droit, aux financiers ; elle est impraticable pour la masse de la population. »

Mais la loi de 1894 laisse la faculté de ne pas se servir d'elle et d'user de la loi du 24 juillet 1867. L'article 1er dit nettement : « dans le cas où la société serait constituée sous la forme de société à capital variable.... Les sociétés de crédit peuvent donc être encore constituées sous la forme de sociétés à capital variable par conséquent sous le régime du titre III des articles 48 à 54 de la loi du 24 juillet 1867. »

La principale innovation de la loi de 1894 c'est, de légaliser l'existence des sociétés du type Raiffeisen. Elle permet à ces sociétés qui n'ont pas de capital fixe mais le remplacent par des fonds de dépôt, des emprunts et des subventions de particuliers, de se placer sous son régime et de jouir de toutes les faveurs qu'elle accorde. Nous ne croyons pas que la loi de 1867 autorisât la fondation de caisse de crédit sans capital même avec responsabilité illimitée, car la responsabilité illimitée des associés n'est pas un capital.

Il faut approuver sans réserve la disposition libérale de la loi de 1894 qui laisse aux nouvelles sociétés le pouvoir de limiter la responsabilité de leurs membres comme il leur convient. A plusieurs reprises lors de la discussion de la loi on a demandé que les associés soient tenus solidairement d'une manière illimitée mais cette disposition a été repoussée comme étant de nature à nuire à la formation des sociétés de crédit mutuel. On a craint qu'elle n'écartât les associés solvables qui ne voudraient pas répondre indéfiniment pour les autres. A notre avis il serait préférable de stipuler la solidarité mais il est certain qu'il y a en France des populations qui reculent et reculeront longtemps encore devant la responsabilité illimitée. L'on a même remarqué que cette répugnance existe surtout dans les pays les plus riches. L'on dit bien que ces craintes qui sont qualifiées de chimériques tomberont à la longue lorsque l'expérience aura démontré que cette solidarité si effrayante n'a pas en fait à être utilisée, son unique raison d'être étant de donner un complément de sécurité aux prêteurs, non pas tant par l'appel qu'ils pourraient faire à tous les associés en cas de défaillance de l'un d'eux, que par la surveillance que tous les intéressés exercent les uns sur les autres, stimulés qu'ils sont par cette perspective : la responsabilité collective. Il ne convenait pourtant pas d'attendre de longues années que l'opinion publique se fût modifiée pour fonder des caisses rurales. C'est donc avec raison que notre législateur a sur ce point suivi le législateur allemand qui en 1889 a autorisé les banques Schultze-Delitzsch à la base desquelles se trouvait jusqu'à ce jour la solidarité, à se constituer en sociétés à responsabilité limitée.

Enfin, en vue de favoriser le développement des

sociétés de crédit agricole, la loi de 1894 dans le § 2 de l'article 4 les dispense de la patente ce qui est fort juste puisqu'elles ne sont pas constituées dans un but de spéculation et ne distribuent pas de dividendes à leurs sociétaires. La nécessité d'augmenter le nombre de ces caisses va d'ailleurs se faire sentir par suite du fonctionnement de la loi du 18 juillet 1898 ; elles vont être appelées à intervenir pour faciliter le warrantage des produits de leurs adhérents en garantissant les engagements de ces derniers, elles sont en effet naturellement indiquées pour faciliter la création de warrants agricoles et pour les négocier, il y aura là pour elles une source d'opérations importantes et rémunératrices. Elles pourront employer leurs capitaux disponibles à escompter ces warrants toujours faciles du reste à négocier, puisque présentant toutes garanties ils seront certainement recherchés par les personnes et les banques qui ont des capitaux à placer pendant quelques mois et prêtent volontiers sur les warrants au-dessous même du taux de la Banque de France.

Résultats de la loi. — Malgré l'hostilité inexplicable que la loi de 1894 a rencontrée à son origine, il existe un nombre fort respectable de ces caisses. D'après la dernière statistique du ministère de l'Agriculture il s'élève à 83.

Parmi ces institutions citons la banque agricole de

Remiremont fondée par M. Méline en mai 1895, avec un capital de 17,000 francs, divisé en parts de 20 fr. dans le but de venir en aide aux membres du syndicat agricole de Remiremont pour leur faciliter l'achat de semences, d'engrais et de machines. La banque ne remet pas à l'emprunteur le montant de crédit qui lui a été accordé, mais cet argent doit servir à payer les marchandises achetées au syndicat ou chez un commerçant. Dans ce dernier cas, le sociétaire signe un billet à son fournisseur, à une échéance correspondant à la réalisation de sa récolte et la banque escompte le billet, ou si le marchand d'engrais n'a pas besoin d'argent, elle lui donne son aval.

Le capital s'élève actuellement à 23,000 francs réparti entre 284 sociétaires auxquels la banque sert un intérêt de 2,50 pour 100. En 1896, 179 emprunts ont été effectués, et le chiffre d'affaires a été de plus de 100,000 francs. Tous les débiteurs ont rempli leurs engagements.

Le tableau récapitulatif des sociétés de crédit agricole en France dressé par le Ministère de l'Agriculture et que nous donnons p. 170-171, montre que les habitants de nos campagnes ont compris les immenses avantages qu'ils pouvaient retirer de l'application au crédit de l'idée si féconde de mutualité. Si ces caisses agricoles ont pris en une dizaine d'années un tel essor, c'est parce qu'elles répondent à une nécessité sociale incontestée. Etablies dans chaque commune, dans chaque hameau, elles sont en rapport direct avec les agriculteurs de la région, connaissent leurs besoins, les guident de leurs conseils, ne prêtent qu'à bon escient à des gens estimables et grâce au concours éclairé et gratuit de leurs administrateurs fonctionnent régulièrement. Elles mettent le crédit à la portée des plus petits cultivateurs mais un crédit accordé avec une telle réserve que l'emprunteur ne peut en abuser et courir à sa ruine.

Il faut reconnaître que les syndicats ont été les propagateurs les plus efficaces de la diffusion des idées de coopération et que les résultats obtenus ont confirmé les espérances que formulait, avant le vote de la loi de 1894, le Président du Congrès des associations coopératives de crédit : « Les syndicats agricoles, disait-il, seront assurément le mécanisme tout désigné pour l'organisation et le fonctionnement des Caisses de crédit agricole, qu'ils apportent à ce nouvel objet toute l'activité qu'ils ont si heureusement déployée dans l'achat des semences, engrais et matériel, et ils réaliseront une première et très importante solution du problème agricole ».

SECTION II. — LOI DU 31 MARS 1899

En vue d'activer le mouvement de constitution des caisses de crédit agricole, le gouvernement a eu l'heu-

ETAT récapitulalif des institutions de crédit agricole

DÉPARTEMENTS	1898		TOTAL
	Sous le régime de la loi du		
	24 juillet 1867	15 nov^{re} 1894	
Ain.	6	»	6
Aisne.	2	1	3
Allier.	»	»	»
Alpes (Basses).	7	»	7
Alpes (Hautes).	»	»	»
Alpes-Maritimes.	14	2	16
Ardèche.	3	»	3
Ardennes.	2	»	2
Ariège.	5	1	6
Aube.	1	1	2
Aude.	1	1	2
Aveyron.	3	»	3
Bouches-du-Rhône.	3	10	13
Calvados.	1	»	1
Cantal.	1	»	1
Charente.	7	11	18
Charente-Inférieure.	1	1	2
Cher.	1	»	1
Corrèze.	1	»	1
Corse.	»	»	»
Côte-d'Or.	4	2	6
Côtes-du-Nord.	6	»	6
Creuse.	»	»	»
Dordogne.	1	»	1
Doubs.	58	»	58
Drôme.	5	»	5
Eure.	»	»	»
Eure-et-Loir.	»	2	2
Finistère.	10	»	10
Gard.	1	1	2
Garonne (Haute-).	3	»	3
Gers.	25	1	26
Gironde.	6	»	6
Hérault.	1	1	2
Ille-et-Vilaine.	1	»	1
Indre.	2	»	2
Indre-et-Loire.	3	2	5
Isère.	19	»	19
Jura.	15	9	2i
Landes.	9	»	9
Loir-et-Cher.	4	»	4
Loire.	1	»	1
Loire (Haute-).	»	»	»
Loire-Inférieure.	10	»	10

Etat récapitulatif des institutions de crédit agricole (suite)

DÉPARTEMENTS	1898		TOTAL
	Sous le régime de la loi du		
	24 juillet 1867	15 nov^e 1894	
Loiret.	4	1	5
Lot.	4	»	4
Lot-et-Garonne.	11	»	11
Lozère.	»	1	1
Maine-et-Loire.	8	2	10
Manche.	1	»	1
Marne.	1	»	1
Marne (Haute).	2	1	3
Mayenne.	1	»	1
Meurthe-et-Moselle.	2	»	2
Meuse.	9	4	13
Morbihan.	2	»	2
Nièvre.	8	1	9
Nord.	5	2	7
Oise.	1	»	1
Orne.	»	»	»
Pas-de-Calais.	34	3	37
Puy-de-Dôme.	1	»	1
Pyrénées (Basses-).	16	6	22
Pyrénées (Hautes-).	53	»	53
Pyrénées-Orientales.	2	»	2
Rhin (Haut-) [Belfort].	4	»	4
Rhône.	2	1	3
Saône (Haute).	29	1	30
Saône-et-Loire.	11	1	12
Sarthe.	»	»	»
Savoie.	1	1	2
Savoie (Haute-).	8	»	8
Seine.	1	»	1
Seine-Inférieure.	«	»	»
Seine-et-Marne.	«	4	4
Seine-et-Oise.	1	»	1
Sèvres (Deux-).	1	1	2
Somme.	1	3	4
Tarn.	2	»	2
Tarn-et-Garonne.	4	»	4
Var.	2	1	3
Vaucluse.	»	1	1
Vendée.	1	»	1
Vienne.	»	»	»
Vienne (Haute-).	»	»	»
Vosges.	1	2	3
Yonne.	»	»	»
TOTAL.	477	83	560

reuse idée d'utiliser les sommes provenant de l'avance et de la redevance annuelle que la Banque de France devra verser dans la caisse du trésor en vertu de la loi du 17 novembre 1897 portant prorogation du privilége consenti à cet établissement.

Pour faire parvenir ces sommes aux mains des agriculteurs, on préconisait plusieurs procédés. L'idée de fonder une banque centrale avait de nombreux adeptes malgré le souvenir de la liquidation lamentable à laquelle avait été réduite en 1875 la banque du crédit agricole fondée en 1860.

Lors de la discussion du projet de loi qui devint la loi du 5 novembre 1894, M. Hubbard avait déposé un contre-projet qui fut d'ailleurs repoussé par la chambre et qui tendait à la création d'un établissement central.

En 1893, M. Laisant, député, demande la création à Paris d'une caisse nationale de prêts agricoles et populaires qui aurait une succursale dans chaque chef-lieu de département. L'Etat, outre sa garantie, lui aurait fait une avance d'un milliard. Jusqu'à concurrence de cette somme, le ministre des finances aurait pu émettre au fur et à mesure des besoins des rentes agricoles et industrielles avec lots au taux de 2 1/2 p. 0/0. Des prêts devaient être consentis aux agriculteurs et ouvriers français dans un but exclusif d'amélioration agricole ou d'exploitation industrielle pour une durée minime de 5 ans et au taux de 3 p. 0/0.

Dans chaque commune le conseil municipal aurait choisi une commission pour fournir son avis sur les demandes d'emprunt.

Cette proposition ne manquait certes pas d'originalité, mais en pratique quelles désillusions elle aurait apportées !

Le 12 juillet 1892, M. Develle, ministre de l'agriculture et M. Rouvier, ministre du commerce, déposèrent à la Chambre un projet de loi tendant à la création d'une Banque centrale dont le but principal serait d'escompter les effets souscrits dans le portefeuille des Sociétés locales de crédit agricole.

Ce projet n'aboutit pas.

M. Méline, ministre de l'agriculture pensa avec juste raison qu'une Société financière avec un capital souscrit par des actionnaires ou une Banque d'Etat fondée à Paris, ne pouvait, dans les circonstances actuelles, avoir aucune utilité pour l'agriculture et était condamnée à péricliter.

Il est en effet impossible à un établissement central situé à Paris, d'obtenir des renseignements sur celui qui lui demande du crédit personnel, c'est-à-dire un crédit consenti non pas en raison de la garantie matérielle, gage ou hypothèque qu'il offre mais à raison de sa situation et de ses qualités personnelles qui assurent au prêteur une garantie morale pour être certain de son remboursement. Une banque de cette nature est placée trop loin des petits agriculteurs pour

les connaître, être connue d'eux et surtout les habituer
à faire des opérations avec elle, car ainsi que le disait
M. Méline (1) :

« Il répugne profondément à l'homme de la campagne d'aller demander de l'argent à une grande
banque de ville, il lui semble que par le seul fait qu'il
se présente au guichet d'une grande banque centrale,
il affirme aux yeux du public ses besoins, sa dé-
tresse, il craint de nuire à son crédit au lieu de le fortifier. Si vous voulez que l'agriculteur s'adresse aux
sociétés de crédit, il faut que ces sociétés puissent être
considérées comme son œuvre à lui, il faut qu'il
puisse dire cette banque est la mienne, l'argent que
j'y trouve est à moi et c'est dans ma propre bourse que
je viens puiser ».

Il faudrait en outre que la Banque multipliât ses
bureaux, car la population agricole n'est pas massée
en agglomération comme le sont les commerçants. La
population agricole est répandue sur tout le territoire ; elle est retenue là où elle vit et travaille, les dé-
placements ne lui sont pas commodes. Il y aurait donc
pour un établissement financier trop de frais de surveillance et d'administration s'il voulait se résoudre à
avoir autant de succursales qu'il serait nécessaire.

Devant cette impossibilité pour lui de prendre con-

---

(1) Séance de la Chambre des Députés, 16 juin 1892. *Journal
Officiel* du 17 juin.

tact avec les petits agriculteurs, il y aurait eu à
craindre que ne trouvant pas l'emploi de ses capitaux,
il ne leur eût cherché des débouchés autres que ceux
prévus par le législateur, comme cela se produisit
pour la Banque de Crédit agricole de 1860, qui subit
de nombreuses pertes dans des affaires de banque,
dans des entreprises financières et dans des partici-
pations à des emprunts d'Etats étrangers Ainsi dans
l'acte de liquidation de la société, on relève : une perte
de 650,000 fr. provenant de valeurs purement industrielles, telles que les actions de la société des mar-
bres et bronzes artistiques de Paris, les houillères de
Saint-Eloi ou de valeurs étrangères telles que les obligations ottomanes et la rente russe.

Dans le chapitre des prêts on trouve une affaire de
houillères sur laquelle on perd 680.000 fr. et une spéculation sur les eaux-de-vie qui se solde par un déficit
de 3 millions 500.000 fr. On constate que des opérations furent faites avec des banquiers turcs, égyp-
tiens, grecs, etc... qu'un industriel qui cumulait les
professions d'escompteur, carrier, chaufournier, marchand de vin en gros et distillateur fit perdre 4.000.000
de francs qui lui avaient été remis comme prêts. On
voit à quels résultats est conduit un établissement qui
se lance dans des affaires étrangères à sa destination.

Un autre motif de l'échec de la Banque du Crédit
agricole et du peu d'empressement des agriculteurs
à avoir recours à ses offices réside dans ce fait qu'elle

ne consentait que des prêts à courte durée et n'escomptait les effets des agriculteurs qu'à 90 jours, car une société par actions où les actionnaires cherchent à réaliser des bénéfices ne peut prêter à long terme et à un taux modéré. Ce qui constitue en effet le bénéfice d'une banque, c'est le réescompte des billets, et si une banque peut prêter à 3 mois à 3 %, elle ne peut prêter à un an à moins de 9 %.

A une banque d'Etat, on aurait pu aussi reprocher d'amoindrir davantage l'esprit d'initiative qui manque déjà aux habitants de nos campagnes et d'être encore l'occasion de nouvelles dépenses publiques et par suite d'augmentation d'impôts.

Ces raisons diverses ont fait écarter l'idée de la fondation d'une banque centrale et ont décidé le Gouvernement à présenter un projet de loi fondé sur d'autres données et qui est devenu la loi du 31 mars 1899 dont nous allons examiner les dispositions.

But de la loi de 1899. — La nouvelle loi est le complètement de la loi du 5 novembre 1894. Son but est de multiplier les caisses de crédit agricole, de les alimenter à leur origine pour leur permettre de se subvenir à elles-mêmes par la suite et enfin de les grouper pour leur donner plus de vitalité. Comme les unions de syndicats relient les syndicats entre eux, de même les caisses régionales serviront de trait d'union entre les sociétés locales actuellement isolées.

Ces dernières offriront plus de cohésion et inspireront plus de confiance.

Mais pour créer cet organisme la loi fait un appel direct à l'esprit d'initiative des agriculteurs qui sont chargés de constituer les caisses régionales suivant la forme indiquée par la loi de 1894. Ce n'est qu'après leur création qu'elles pourront recevoir des avances de l'Etat.

Installées dans des centres agricoles aussi près que possible des sociétés locales, les caisses régionales recruteront leurs membres parmi ceux des sociétés locales et les 2|3 au moins de leurs parts seront réservés aux sociétés locales,

L'erticle 1er qui règle l'attribution des sommes versées par la Banque de France est ainsi conçu :

« L'avance de 40 millions de francs et la redevance annuelle à verser au Trésor par la Banque de France, en vertu de la convention du 31 octobre 1896, approuvée par la loi du 17 novembre 1897, sont mises à la disposition du Gouvernement pour être attribuées à titre d'avances sans intérêts aux caisses régionales de Crédit agricole mutuel, qui seront constituées d'après les dispositions de la loi du 5 novembre 1894. »

Sans avoir à discuter ici la légitimité de l'intervention de l'Etat pour l'amélioration du sort des classes laborieuses, nous pensons que l'Etat ne sort pas de son rôle en encourageant, en soutenant l'initiative

Kirch 12

privée qui est encore hésitante, défiante même, car il faut bien reconnaître qu'il y a à lutter contre des préjugés et des mauvais vouloirs pour faire acclimater l'idée de coopération appliquée au crédit alors qu'on ne devrait rencontrer que des bonnes volontés.

Il était nécessaire que l'Etat intervînt pour aider les sociétaires à faire face aux premiers frais d'installation et de fonctionnement tout en réclamant d'eux une part contributive.

Les activités locales mises ainsi en mouvement conservent toute latitude pour la rédaction des statuts et la réglementation qui doit présider à la répartition des fonds de la caisse et de son fonctionnement, car l'Etat a voulu respecter l'autonomie des sociétés de crédit agricole et les laisser fonctionner sous la surveillance de leurs administrateurs, de ces hommes qui leur consacrent gratuitement leurs soins et à qui M. Viger, ministre de l'Agriculture, du haut de la tribune du Sénat, s'est plu à rendre un éloquent hommage (1).

On ne peut accuser l'Etat de s'associer à des combinaisons qui ont pour objet de réaliser des gains par la spéculation. Son rôle dans la circonstance consiste à venir simplement en aide à l'initiative privée, à la diriger, à la contrôler, mais sans faire main mise sur les caisses régionales ; il n'a de rapports avec elles

____

(1). V. *Journ. Off.*, 18 mars 1899.

que dans l'intérêt général, il exige qu'elles lui soumettent des statuts corrects et complets et veille à leur stricte observation.

Se produisant dans des limites aussi restreintes, l'intervention de l'Etat ne peut pas être, comme on l'a prétendu, stérilisante mais sera au contraire fécondante; les avances faites en vertu de la loi nouvelle étant remboursables, les sociétés de crédit rural ne peuvent compter sur elles comme sur des subventions allouées à titre définitif, elles sont donc incitées à en surveiller rigoureusement l'emploi et en même temps à étendre leurs opérations. L'Etat de son côté trouvera dans la restitution de ces avances le moyen de rembourser les 40 millions avancés par la Banque de France.

Tout en reconnaissant que les caisses régionales pourront escompter à un taux plus faible les effets de caisses locales, il est regrettable que l'Etat ne réclame pas un intérêt, fût-il même très minime, pour ses avances ; il y a là une atteinte aux principes économiques qui exigent que tout capital prêté paie un intérêt de manière à éviter un amoindrissement de la valeur du capital aux yeux des emprunteurs.

Pour remédier à cet inconvénient, on pourrait peut-être, dans le règlement d'administration publique qui interviendra, exiger qu'une certaine somme représentant à peu près la valeur des intérêts qui auraient été versés à l'Etat soit prélevée sur les bénéfices et retenue pour la formation à côté du fonds de réserve prévu par la loi de 1894 d'un autre fonds qui servirait à restituer à l'Etat les avances qu'il a consenties.

Opérations des Caisses régionales. — L'article 2 énumère les opérations que pourront entreprendre les Caisses régionales de crédit.

« Les Caisses régionales ont pour but de faciliter les opérations concernant l'industrie agricole effectuées par les membres des Sociétés locales du crédit agricole mutuel de leur circonscription et garanties par ces Sociétés.

A cet effet elles escomptent les effets souscrits par les membres des Sociétés locales et endossés par ces Sociétés. Elles peuvent faire à ces Sociétés les avances nécessaires pour la constitution de leur fonds de roulement.

Toutes autres opérations leur sont interdites. »

Leur objet est donc de faire des avances aux Caisses locales pour aider à leur diffusion, d'escompter les effets que ces dernières ont en portefeuille et de recevoir leurs excédents de caisse. La Caisse régionale ne peut, comme le prévoyait le projet primitif du Gouvernement, fonctionner elle-même comme Société locale de crédit agricole mutuel dans l'étendue de l'arrondissement où elle est située.

Elle ne nuira pas de la sorte à la création de nouvelles caisses locales qui sont plus à même d'obtenir des renseignements sur les emprunteurs et courra en outre moins de risques.

L'article 3 règle la répartition des avances faites par l'Etat aux caisses régionales, il stipule :

« Le montant des avances faites aux caisses régionales ne pourra excéder le montant du capital versé en espèces.

Ces avances ne pourront être faites pour une durée de plus de 5 ans. Elles pourront être renouvelées.

Elles deviendront immédiatement remboursables en cas de violation des statuts ou de modifications à ces statuts qui diminueraient les garanties de remboursement. »

On a voulu exiger un effort personnel de la part de ceux qui veulent obtenir le crédit, car l'Etat ne doit venir en aide qu'à ceux qui veulent s'aider eux-mêmes. Cette limitation du montant des avances permet en outre de faire face à un plus grand nombre de demandes.

En fixant à cinq ans la durée maxima des avances, on a voulu éviter que les caisses régionales ne fussent embarrassées par des demandes de remboursements imprévues.

Le dernier paragraphe renferme une disposition très prévoyante.

L'article 4 décide que la répartition des avances sera faite par le Ministre de l'agriculture sur l'avis d'une commission spéciale nommée par décret. Le projet du gouvernement en chargeait primitivement le Conseil d'Etat, mais la Chambre des Députés estimant que la compétence de ce Conseil administratif pouvait être contestée en matière de répartition de fonds à des associations agricoles l'a déchargé de ce soin.

L'article 5 stipule :

« Un décret rendu sur l'avis de la Commission, fixera les moyens de contrôle et de surveillance à exercer sur les caisses régionales.

Les statuts de ces caisses devront être déposés au Ministère de l'Agriculture.

Ces statuts indiqueront la circonscription territoriale des sociétés, la nature et l'étendue de leurs opérations et de leur mode d'administration.

Ils détermineront la composition du capital social, la proportion dans laquelle chaque sociétaire pourra contribuer à sa constitution, ainsi que les conditions de retrait s'il y a lieu, le nombre des parts dont les deux tiers au moins seront réservés de préférence aux sociétés locales, l'intérêt à allouer aux parts, lequel ne pourra dépasser 5 0/0 du capital versé, le maximum des dépôts à recevoir en comptes courants et le maximum des bons à émettre, lesquels réunis ne pourront excéder les trois quarts du montant des effets en portefeuille, les conditions et les règles applicables à la modification des statuts et à la liquidation de la société. »

Contrôle des caisses régionales. — Relativement à

l'organisation des moyens de contrôle et de surveillance à exercer sur les caisses régionales, nous estimons, contrairement à l'opinion émise par M. Rayneri
au Xe congrès de crédit populaire et par M. Lourties
dans son remarquable rapport au Sénat, que c'est
l'État qui doit exercer un contrôle sur le fonctionnement des caisses régionales par un personnel spécial
composé d'hommes familiarisés avec les questions de
crédit agricole qui ne seront pas seulement chargés
d'adresser au ministre de l'agriculture des rapports
sur le fonctionnement financier des caisses de crédit
mais aussi de donner des renseignements sur les
besoins économiques de la région visitée et particulièrement sur la situation du crédit agricole.

Il nous semble que des comités de surveillance,
recrutés parmi des personnes de la région où fonctionnent les caisses pourraient être soumis à des in-
fluences locales et n'avoir pas toute l'indépendance
désirable. Ce ne serait pas une main-mise de l'État sur
l'administration de la Caisse mais un moyen de contrôle nécessaire pour empêcher l'institution de dévier
de son but.

De même la loi n'exige le dépôt des statuts que
pour obliger les sociétés à se conformer à l'observation des dispositions générales qui doivent être les
mêmes pour toutes les Caisses et qui ont pour but
d'éviter tout appel à la garantie de l'État. Mais toute
liberté est laissée aux sociétaires pour fixer dans leurs

statuts la circonscription territoriale des sociétés, la nature et l'étendue de leurs opérations et leur mode d'administration.

Composition du capital. — Les statuts déterminent aussi la composition du capital social et la proportion dans laquelle chaque sociétaire pourra contribuer à sa constitution. Contrairement au projet primitif du Gouvernement les sociétés locales ne sont pas membres de droit des caisses régionales mais les deux tiers au moins des parts leur sont réservés. De la sorte les sociétés étrangères à la souscription des parts ne pourront après la clôture de la souscription intervenir dans les délibérations d'une société régionale à la bonne gestion de laquelle elles n'ont aucun intérêt. D'après une déclaration faite par le président de la commission sénatoriale, peuvent être membres de la société régionale, non seulement les sociétés de crédit agricole mutuel qui ont été fondées sous l'empire de la loi de 1894, mais également celles qui avaient été établies sous l'empire de la loi de 1867.

Avec le capital souscrit, les avances faites par l'Etat et la faculté de recevoir des fonds en comptes courants et d'émettre des bons spéciaux garantis par les effets en portefeuille et circulant comme une sorte de bons du Trésor, les Caisses trouveront les ressources nécessaires à leur fonctionnement.

Ainsi que le disait l'exposé des motifs du projet de

loi déposé par M. Méline, les bons spéciaux que les
caisses régionales pourront émettre « constitueront
pour elles un instrument de crédit souple et puissant
à la fois, à égale distance du billet de banque, qui est
remboursable à vue parce qu'il est adossé, soit à
du numéraire, soit à des valeurs presque immédiatement réalisable et de l'obligation foncière qui est
remboursable à long terme parce qu'elle est adossée à
des opérations comportant la même durée.

A cet effet, le bon de la Caisse régionale pourrait
être créé pour une durée de deux ans au plus ; il
aurait pour contre-partie les opérations d'escompte et
d'avances sur produits agricoles dont la durée ne sera
pas elle-même supérieure à quinze mois. Le payement
du bon de caisse serait donc toujours assuré par le
recouvrement d'effets d'une durée moindre ; d'autre
part pour que le bon de caisse régionale soit effective-
ment gagé, les statuts de la Caisse stipuleraient que
le montant des bons en circulation ne pourra excéder
celui des opérations d'escompte ou d'avances qui
seront en cours.

Le bon de la caisse régionale serait ainsi une obligation à moyen terme, correspondant à la durée des
opérations agricoles, et intermédiaire, nous le répé-
tons, entre le billet de banque et l'obligation foncière.
Lorsqu'il sera entré dans les habitudes de nos populations rurales, il circulera comme une sorte de bon
du Trésor ; il servira pour les placements tempo-

raires, et, comme il est d'expérience que les valeurs
à court terme se placent plus facilement et à meilleur
compte que les valeurs à long terme, il y a tout lieu
de croire qu'il trouvera preneur à un intérêt peu
élevé, solidement gagé comme il serait. Le bon de la
caisse régionale constituerait une valeur de tout repos
et comme il serait à courte échéance, il semblerait
tout désigné pour servir même d'emploi aux fonds
personnels des Caisses d'Epargne ».

L'article 5 toutefois limite les dépôts en comptes courants provenant des adhérents des caisses régionale,
mais seulement jusqu'à concurrence d'un maximum fixé par les statuts. Le total de ces bons réuni
à celui des dépôts reçus en comptes courants ne
pourra dépasser les deux tiers des effets en portefeuille, car si ces dépôts constituent pour une banque
une source précieuse à raison du faible intérêt qui
leur est habituellement servi, il faut remarquer qu'ils
sont remboursables à vue et que leur accumulation
présenterait un danger qu'il est nécessaire de prévenir si des demandes de remboursement imprévues
se produisaient :

Enfin l'article 6 décide :

Le ministre de l'agriculture adressera chaque année
au Président de la République un compte rendu des
opérations faites en exécution de la présente loi, lequel
sera publié au Journal Officiel. C'est là un moyen
de contrôle facile pour le Parlement.

En résumé la loi nouvelle complète heureusement la législation du crédit agricole. Elle est conforme à l'évolution que subissent les syndicats agricoles qui se constituent en unions de syndicats. Nous ne doutons pas que sous son impulsion, les sociétés de crédit agricole se développeront avec autant de succès que dans les pays voisins. Les caisses régionales fourniront aux sociétés locales qui se fonderont les avances nécessaires à leur fonds de roulement mais là n'est pas leur seul but elles recevront les excédents des caisses locales qui resteraient sans cela improductifs alors que les déposants de ces sommes toucheraient des intérêts. Elles reverseront ces excédents aux caisses locales qui auront besoin de subsides pour faire face aux demandes d'emprunts. Elles joueront donc le même rôle que les unions provinciales en Allemagne. Pour ne pas engager leur responsabilité elles exerceront une mission de contrôle sur les livres et les statuts des caisses locales ; fondées sur le principe de la mutualité et avec la responsabilité qui en résulte on a la certitude qu'elles rempliront avec zèle cette mission de contrôle.

Lorsque les sociétés de crédit agricole, locales et régionales seront répandues sur tout le territoire et fonctionneront avec régularité, lorsque des sociétés de crédit populaire industriel se seront en outre constituées, nous estimons que sous l'influence des besoins économiques s'imposera la constitution d'une caisse centrale chargée d'escompter le papier de ces sociétés de crédit mutuel qui ne seront plus contraintes de réclamer comme une faveur à la Banque de France son concours pour l'escompte de leurs billets, car malgré quelques exemples exceptionnels et toujours cités tels que les opérations d'escompte effectuées avec les emboucheurs de la Nièvre, la Banque de France n'a jamais considéré comme rentrant particulièrement dans ses attributions l'escompte des effets des agriculteurs.

Nos législateurs achèveront ainsi la construction de l'édifice du Crédit agricole dont la caisse centrale sera le faîte, tandis que les caisses régionales et locales en constituent le corps et les assises. Ici encore l'Etat ne substituera pas son action à celle des particuliers, il créera seulement une institution fonctionnant sous le contrôle officiel avec toutes les garanties qu'il donne et la confiance qu'il inspire.

Cette caisse centrale comme la caisse allemande fondée en 1895 recevrait l'excédent des dépôts que les caisses régionales pourront avoir surtout si l'on modifie par la suite la disposition restrictive de l'article 5, très sage pour des caisses qui se constituent, nécessaire dans l'état actuel de crédit mais qui ne permet pas de donner aux opérations toute l'amplitude désirable ; elle serait ensuite chargée de répartir ces capitaux accumulés entre les caisses régionales qui auraient l'occasion de les utiliser.

Fonctionnant comme un réservoir elle fournirait à tous les organes de l'immense réseau que constitueront les Sociétés de crédit agricole la force motrice qui leur sera nécessaire.

Nous sommes persuadés que cette création sera le moyen le plus efficace pour assurer la stabilité à nos Caisses locales et régionales lors des périodes de crise que pourront avoir à traverser les régions où elles se trouvent installées. Auprès de la Caisse centrale elles trouveront un appui qui leur permettra de faire face à des calamités momentanées.

Comme les Caisses locales et régionales, la Caisse centrale sera la résultante des efforts individuels de la masse guidée par le principe bienfaisant de la mutualité, comme ces organes inférieurs n'ayant pas pour but de faire réaliser des bénéfices considérables à ses sociétaires et de leur partager de sérieux dividendes, elle serait appelé à rendre les plus grands services sans encourir les reproches que nous adressions à une banque qui ne peut rester étrangère à l'idée de spéculation. Ce sera, croyons-nous l'œuvre de demain.

CONCLUSION

De notre étude il résulte que l'agriculture a besoin de capitaux pour réagir contre la crise qu'elle traverse et à la base de laquelle se trouve évidemment la science qui a révolutionné les moyens de production et de transport. Il importait donc de modifier ou de supprimer toutes les dispositions législatives qui auraient pu entraver l'arrivée des capitaux vers la terre. C'est ce qu'a compris le législateur et nous avons vu qu'il avait accompli un certain nombre de réformes en ce sens ; restriction du privilège du bailleur d'immeubles, réglement de l'attribution des indemnités dues par les compagnies d'assurances, création des warrants agricoles à domicile.

Il y a là certainement un pas en avant vers cette harmonie que Rossi désirait voir établir entre notre droit privé et notre état économique, mais il serait utile de compléter l'œuvre commencée par la modification des articles 522 et 524, la révision de certaines dispositions de la législation du Cheptel, ainsi que par l'autorisation d'engager sans s'en dessaisir les récoltes pendantes par branches et par racines, le bétail et les instruments agricoles.

Mais s'il convient d'organiser le crédit réel au mieux des intérêts de l'agriculture, il est incontestable, comme l'a dit Léon Say « que le crédit sur gage n'a jamais été que l'enfance du crédit, et que le crédit personnel c'est là le but ». Aussi aurions-nous vivement désiré que le projet de loi ayant pour but la commercialisation des effets des agriculteurs fût voté par les Chambres ; toutefois félicitons le législateur d'avoir cherché à faciliter la constitution des Sociétés de crédit mutuel agricole qui donnent au crédit sa véritable destination celle d'être une mutualité dans le besoin, une assistance réciproque. Pour cela, par les lois du 5 novembre 1894 et du 31 mars 1899 il a simplifié les formalités, concédé certaines immunités fiscales et même prêté son concours financier.

Mais les lois ne peuvent que peu de chose en ces matières si elles ne sont pas secondées par l'initiative privée ; nous avons vu que dans notre pays comme chez les peuples voisins cette initiative avait produit de très beaux résultats ; il faut lui demander plus encore pour achever l'organisation de ces institutions qui sont à notre avis le moyen le plus efficace pour faciliter les prêts à la production destinés à l'amélioration de l'exploitation de l'emprunteur.

Ce sont en effet ces prêts qui permettent à la petite

culture de lutter contre les grandes exploitations et
assurent à un grand nombre de petits cultivateurs la
conservation de la propriété en même temps qu'un
certain bien-être et cette indépendance qui empêche
les hommes des champs de venir grossir les rangs
des salariés des villes. C'est par l'association que nos
agriculteurs seront les artisans de leur propre fortune.
Ils l'ont compris. Comme le bon grain cette idée a
germé et va produire ses fruits. De la période d'évolution que nous traversons sortira un avenir meilleur.

TABLE DES MATIERES

DEUXIÈME PARTIE

Vu :
Le Président de la Thèse,
CH. MASSIGLI

Vu :
Par le Doyen,
GLASSON

Vu et permis d'imprimer :
Le Vice-Recteur de l'Académie de Paris,
GRÉARD.

Parthenay. — Imprimerie A. RAYMOND.